南部アフリカ旅ガイド
まるまるサファリと大自然の本

武田ちょっこ

※気候や野生どうぶつの生息状況などの情報は自然のため、"必ず"ではありません。目安としてください。

CONTENTS

旅の基本情報 …… 6
南部アフリカ旅行を思い立ったら読むページ。
サファリの基礎知識、現地ツアーの仕組み、アクセス、治安 etc.

サファリと大自然が楽しめるエリア …… 41
国別に主な観光エリアを紹介。各エリアごとに概要、楽しみ方、イラストマップ、観光シーズン、アクセスなどを紹介。

野生どうぶつ & 鳥のガイド …… 141
アフリカの楽しみは、やっぱりサファリ!
南部アフリカに生息する野生どうぶつと鳥の図鑑。

- ゲームドライブで
  どうぶつ探し … 142
- どうぶつガイド … 148
- 鳥ガイド … 164

移動手段と観光の拠点 …… 177
サファリの出発地点への移動と、町の基本情報。

おまけ編

<後悔しないアフリカ旅行計画の秘訣>
① 休暇はいつ?季節別ルートづくり … 212
② 旅のコストの抑え方 … 218
③ サファリの車と宿泊地選び … 220

Column

- ゲームドライブの車について … 40
- アフリカの"おいしい♪" … 172
- アフリカのお土産 … 174
- どうぶつ横断注意 … 176
- サン人の村を訪れよう … 208
- ヒンバ人の村を訪れよう … 209
- 雨季はバッドシーズンなの?
  野生どうぶつは移動している … 210

- この本の使い方 … 4
- サファリ用語集 … 6
- 現地サファリツアーの基本
  - ① 国立公園と私設保護区 … 8
  - ② ゲームドライブのいろいろ … 10
  - ③ Private Tour と Scheduled Tour … 11
- 現地発着のツアー探し … 12
- 5 カ国まるまる回るオーバーランドツアー … 14
- 南部アフリカへのルート … 16
- 南部アフリカの長距離バス … 18
- 旅の持ち物 … 20

- 出発前の不安解消
  - 治安対策 … 22
  - 病気について … 26
- 旅行のための各国基本情報
  - ジンバブエ … 28
  - ザンビア … 29
  - ボツワナ … 29
  - ナミビア … 30
  - 南アフリカ … 31
- 南部アフリカ観光マップ … 33

<ジンバブエ&ザンビア>
- ビクトリアフォールズ … 42

<ボツワナ>
- チョベ国立公園 … 54
- オカバンゴデルタ … 62
- マカディカディパン … 70

<ナミビア>
- ナミブ砂漠 … 74
- エトシャ国立公園 … 80
- スピッツコップ … 88
- チーターパーク … 90
- フィッシュリバーキャニオン … 91
- ケープクロス（オットセイ繁殖地）… 92
- ナミビア西海岸（スワコプムント周辺）… 94

<南アフリカ>
- クルーガー国立公園と私設保護区 … 98

- ブライデリバーキャニオン … 108
- モホロホロ野生動物
  - リハビリテーションセンター … 109
- カラハリトランスフロンティア公園 … 110
- ナマクワランドのワイルドフラワー … 111
- ジャカランダシティ プレトリア … 112
- ケープタウン&ケープ半島マップ … 116
- テーブルマウンテン … 118
- シグナルヒル … 124
- ボルダーズビーチ … 126
- 喜望峰&ケープポイント … 130
- ハマナスのホエールウォッチング … 134
- ベティーズベイ … 136
- カーステンボッシュ植物園 … 137
- V&A ウォーターフロント … 138
- ボ・カープ地区 … 140

- ジンバブエ国内のバス … 178
  - ビクトリアフォールズタウン … 180
  - リビングストン … 183
- ボツワナ国内のバス … 184
  - カサネ … 186
  - マウン … 188
- ナミビア国内のバス … 190
  - ウィントフック … 192

- スワコプムント … 194
- 南アフリカ国内のバス … 196
  - ヨハネスブルグ … 196
  - ローズバンク … 200
  - プレトリア … 201
  - ライオン&サファリパーク … 202
  - ピランスバーグ国立公園 … 203
  - ケープタウン … 204

南部アフリカ旅行

はじめに この本の使い方

この本は"アフリカおたく"な私の旅ノートです。
アフリカのすべてを網羅したガイドブックではないけれど…
その分、楽しい所については、より詳しく書き(描き)ました。

(人気の観光地)

アフリカの"大自然"は手付かずで、バスや電車は走っていません！
なので必然的に現地ツアーに参加する、という旅になります。

つまり、1人旅は…

① 移動手段 ② 拠点となる町 ③ 現地ツアー

(現地ツアーの出発地)

…この3つを抑えればOK♪

ジンバブエ 国内のバス
Long-Distance Bus

▶ 長距離移動
ジンバブエ国内の移動は国際バス Intercape のお世話になろう。
→ 18頁参照
※ワンゲ国立公園 Hwange NP はビクトリアフォールズタウンからツアーが出ている。最短ツ…

← これ

① 移動手段については
・国をまたいで旅する場合は、国際バスがあるので楽々です♪
・各国内での移動は、後ろの情報ページ。
・ルートマップ付きです。(観光地のみ抜粋)

18ページ →

---

② 拠点の町について
・これも後ろの情報ページです。それぞれの町で

▶ 空港からのアクセス ▶ 陸路でのアクセス ▶ 市内の交通
▶ ツアー会社 ▶ 安宿情報 ▶ 市内観光 ▶ 治安 を紹介しました。

カサネ
Kasane
in Botswana

▶ 観光地：チョベ NP ツアーの拠点。リバーフロントだけならゲームドライブ、ボートクルーズ各3時間から楽しめる。サブティまで足を伸ばすなら宿泊ツアーで。
ビクトリアフォールズへの日帰り観光も可能

これ ↑

← 観光ガイドページ

観光拠点と現地ツアーについ

観光の拠点：マウン (188頁)
　ツアーの内容は様々なので、何に重を置くかじっくり考えて計画を立てよ
▶ どうぶつを見るのがメインの目的

ここを見ると
**拠点の町は
どこかが
分かります。**

③現地ツアー情報については…

私が実際に利用して「良かったよ♪」というツアー会社は
各町のページで紹介しました。

ですが、まず!

前半 情報ページの〈現地サファリツアーの基本〉を読んでね。

　私はよく知らないまま申し込んじゃって、「しまった(T_T)」と後悔….

1人旅でも アフリカの大自然を巡れるように、ちょっとややこしい
現地サファリの仕組みについて まとめました。

そして
　なにより私が見てきた **とっておきのアフリカ**
　　　　　　　　　　　　　　　　　　　　を充実させました。

たとえば

🐾 ビクトリアフォールズの 虹が見られる時間と場所を おさえました！

　🐾 ジャカランダマップ、作りました♪

🐾 草や木しかない国立公園、砂だらけの砂漠。
　　　　　　　　　　　　　分かりやすく、イラストマップにしました

🐾 ナミブ砂漠の朝陽は 見逃しがち…という事実。

　🐾 サファリでどうぶつを探すコツ

🐾 国立公園カレンダー、ペンギンカレンダーも役立ててね。

🐾 オカバンゴデルタやナミブ砂漠は、どのようにしてできたの!?
　　　　　　　　　　　図解説明！などなど

旅の日記に書き殴った思い出を、この1冊にまとめました。
　　お役にたてれば幸いです。

Have a nice Safari ♪

5

南部アフリカ旅行
基礎編

サファリ用語集

この本に出てくるサファリ用語や、旅行をしているときよく聞く言葉集。本書の＊付きの言葉はこのページをご参考に。

赤いバス … ケープタウンとヨハネスブルグを走るルーフ席付きの観光バスCity Sightseeing Bus（車体が赤）のことを私はこう呼んでいる。

アクティビティ … 半日から1日ぐらいで遊べる現地の観光ツアー。日本のツアーで言うところのオプショナルツアーみたいなもの。

オフロード … ゲームドライブ中、どうぶつに接近するために車道を離れること。通常国立公園では禁止されている。

ゲームドライブ … 野生どうぶつを見に行くドライブのこと。日本ではこれを"サファリ"と呼ぶことがある。

サファリ … スワヒリ語で旅のこと。日本では野生どうぶつを見に行くドライブのことを"サファリ"と言っているが、現地ではそれをGame Driveと呼んでいる。

私設保護区 … Private Game Reserve。国立公園ではなくプライベートの保護区。ゲームドライブのときオフロードができるなど、規則が緩やかなのが特徴。

セルフドライブ … 自家用車、レンタカーで自分でゲームドライブをすること。→10頁

パン … 乾いた塩湖。

ビッグ5 … 狩りをしていた時代、仕留めるのがステイタスだった大物どうぶつ5種。ライオン、アフリカゾウ、サイ、ヒョウ、アフリカ水牛。

モコロ … オカバンゴデルタのアクティビティ。カヌーのような手漕ぎボート。→左下写真

モバイルサファリ … 小型機を使わず、車にキャンプギアを積んで、陸路で行くサファリ。簡易ベッド付きのテント、お湯シャワー、食事などは、私達がゲームドライブをしている間にすべて用意してくれる。（ボツワナのツアー）

レイヨウ類 … ウシ科のどうぶつ。

レストキャンプ … 国立公園に設置されている、サファリのためのベース基地のような所。詳しくは8頁参照。

◇　◇　◇　◇　◇

Closed Vehicle … ゲームドライブで使われる車で、車体がオープンではないタイプ。→40頁の写真参照

Game Drive … →ゲームドライブ

Guided Game Drive … ゲームドライブのこと。

↑オカバンゴデルタの"モコロ"は、カヌーのような船のこと。昔は木の幹をくり抜いて作っていたが、現在はグラスファイバー製が多い

GR … Game Reserve
Game Reserve … 動物保護区のこと。
Normal 4×4 Vehicle … オープン型のサファリカーに対して、屋根やサイドが開放されていない車をこう呼ぶことがある。Closed Vehicleのこと。→40頁の写真参照。
NP … National Park。
NWR … ナミビアの国立公園を管理している機関。国立公園の入場許可 Permissonやキャンプ内の宿泊、ゲームドライブの予約はここで。現地発着ツアーに参加する場合は自分で予約する必要はない。
正式には Namibia Wildlife Resort。
Open Vehicle … ゲームドライブで使われる車のひとつ。Open-Sided Vehicle など"オープン"の言葉がついていれば、窓ガラスがなく開放的なサファリカーだ。逆に"クローズ"なら、通常タイプの4駆車 →40頁の写真参照
Overland Tour … 大型トラックで国境を越えて旅するツアー →14頁に特集
Pop-up roof Vehicle … ゲームドライブ用の車で、サイドはオープンタイプではないが、ルーフが開くタイプ →40頁の写真参照
Private Game Reserve … →私設保護区
Private (Guided) Tour … 他人との乗り合わせがないプライベートツアー。ガイドさん付き(ドライバーが兼任の場合もあり)で案内してくれる。→11頁
SADC … 南部アフリカ開発共同体。国立公園などの入場料は、その国の国民 Citizen、居住者 Resident、外国人 Non

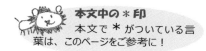
本文中の＊印
本文で＊がついている言葉は、このページをご参考に！

Resident で値段が違う。SADC は南部アフリカ開発共同体の加盟国の国民ということ。Southern African Development Community。
SANPark … 南アフリカ共和国の国立公園を管理している機関。
Scheduled Tour … 現地発着ツアーで、スケジュールが設定されているもの。→11頁
Self Catering … 自炊ができるキッチン付きのコテージやゲストハウスなど。
Self-Driving Safari … →セルフドライブ
Shoulder Season … ベストシーズンの手前の頃。季節的にはほぼベストだが、宿泊やツアー料金は安い。
Ugly 5 … ビッグ5に対して"醜い"に選ばれてしまったハイエナ、ヌー、ハゲワシ、イボイノシシ、アフリカハゲコウ。

この本に出てくるアイコン

 ここだけの話や意外と知らない話、著者の独断によるお勧めなど

 ショップ　　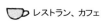 レストラン、カフェ

 ロッジ、ホテル　 観光スポット

キャンプサイト

現地サファリツアーの基本 ①
国立公園 と 私設保護区

ツアー手配の前に
まずは基礎知識！

アフリカ旅行のお楽しみのひとつ "サファリ" ができるのは、国立公園と私設保護区だ。国立公園の仕組みと私設保護区についてざっくり理解しておくと、旅の準備や予約が分かりやすいだろう。

国立公園 National Park

サファリができる国立公園には、

▶ **レストキャンプ Rest Camp** と呼ばれる、サファリのための "ベース基地" のようなエリアが設置されている。宿泊施設、レストラン、バー、プール、土産物屋、食料品屋、ガソリンスタンドなどが揃っていて、サファリをする人達が集まる小さな町のような所だ。

▶ **宿泊**は、コテージタイプやバンガロー、テントサイトなど様々あるが、各レストキャンプによって相違あり。

▶ **食事**は、レストランがある。簡易キッチンや Braai（アフリカ式 BBQ）の設備もあるので、食材を持って行けば自炊も可能。レストキャンプ内に食料品屋もあるが、品数は少ない。

▶ **ウォーターホール** Water Hole と呼ばれるどうぶつが集まってくる水場や川があり、観察しやすいようにベンチ、場所によっては身を隠せる施設 "Hide" が設置されている。

▶ **ゲームドライブやウォーキングサファリ**は、レストキャンプのレセプションや町のオフィスで申し込める。

▶ **その他の設備** プールや土産物屋、ガソリンスタンドもあり。

▶ **ゲームドライブは**、レストキャンプ主催、またはツアー会社の車で。また、セルフドライブもできる。→詳しくは 10 頁参照。

↑クルーガー NP のサタラ キャンプ。ロンダベルズタイプの宿泊施設には、バーベキュー設備付き

↑国立公園のレストキャンプはこんな感じ

ボツワナのキャンプサイトは、超大自然！

ボツワナはとことん手付かずの大自然を楽しめるのが魅力だが、一方でキャンプサイトには何も設備がなく、不便さを感じるかもしれない。カメラのバッテリーをチャージできる電力もないので、キャンピングツアーで行く場合は、車で充電が可能か否かツアー会社に確認しておこう。

私設保護区 Private Reserve

私設保護区とは、国立公園ではないがサファリができるプライベートエリアのこと。

クルーガー NP に隣接した所にも多々ある。

▶ **国立公園のようなレストキャンプはなく**、独立したロッジが点在している状態。ロッジの敷地内にレストラン、プール、バーなどが完備されている。

▶ **宿泊**は、国立公園よりも贅沢なつくりの所が多い。その分料金は高めだが、場所によってはシンプルでリーズナブルな所もあり。

▶ **食事**は、ロッジのレストランで、通常宿泊とセット。一流シェフを構えた所や、南アフリカの郷土料理を出してくれる所などもある。

▶ **ウォーターホール**や草原を見晴らせるテラス、カワセミがやってくる池があるなど、各ロッジによって様々。

▶ **ゲームドライブ**やウォーキングサファリは、各ロッジから出発。パークルールが国立公園に比べて緩く、道も舗装されていないため、自然に近い状態でどうぶつが見られることで人気だ。→ 10 頁も参照。

▶ クルーガーは私設保護区も人気があり、日本発のパックツアーは私設保護区を訪れるコースが多い。

▶ 南アフリカの私設保護区は、クルーガー周辺以外にも多々ある。

↑憧れのツリーハウス！自然環境を生かした個性的な宿泊施設も多い

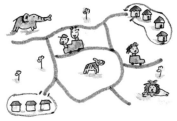

↑私設保護区内にロッジが点在している状態

旅の基本情報

ツアー手配の前に
まずは基礎知識！

現地サファリツアーの基本 ②
分かっているようでも要注意
ゲームドライブのいろいろ

どうぶつを見に行く"サファリツアー"で訪れるのは、国立公園か私設保護区。どちらも野生どうぶつが生息するエリアだが、ツアーによってゲームドライブをする車の型、場所など内容が微妙に異なることを理解して申し込もう。

▶ 国立公園のゲームドライブ
主に以下の 3 通りがある

① レストキャンプ主催のゲームドライブ
レストキャンプ*発着で約 3 時間。車は開放的な Open Vehicle* で行う。ドライバーはもちろんプロフェッショナル。朝、夕、夜の 3 回催行されている。

ツアーではなく個人で行く場合は、事前に SANPark* や NWR* のオフィスで申し込んでおこう。レストキャンプの受付でも申し込み可能だが、満席のこともある。

② サファリ会社の車でゲームドライブ
現地発着ツアーには、上記のレストキャンプ主催のゲームドライブに参加せず、ツアー会社の車でゲームドライブをするパターンも多い。レストキャンプ主催と違い、時間に制約がないのが利点だ。

ツアー会社の車はオープン型、クローズ型、ポップアップルーフ車などがあるので、どのタイプの車か確認してから申し込もう。
→車の型は 40 頁写真参照

③ セルフドライブ Self-Driving
車があれば、自分でドライブして回ることもできる。時間に制約なく、自由にどうぶつを見て回れるのがメリットだ。サファリが初めてでも、大型どうぶつなら見られるだろう。しかし実は見逃しも多いと思う。どうぶつ探しのコツをつかむために、まずは①のプロが案内してくれるドライブに参加してみるのも良いだろう。
※ 142 頁＜ゲームドライブでどうぶつ探しのコツ＞も参照
※日没後のセルフドライブは禁止。

▶ 私設保護区のゲームドライブ
私設保護区の場合は、ロッジの専用車、または提携しているサファリ会社の車でゲームドライブをする。車はいずれも Open Vehicle で、トラッカーと呼ばれるどうぶつ探しのプロが同乗する。セルフドライブは不可。

国立公園に近い保護区の場合、私設保護区内だけでなく、国立公園にも出向いてドライブするツアー行程もある。

→ライオンの目撃率は国立公園でも私設保護区でも変わらず高め。ご安心を

現地サファリツアーの基本 ③
Private Tour と Scheduled Tour

ツアー手配の前に
**まずは
基礎知識！**

現地ツアーに申し込む際、特に1人旅なら、＜プライベートツアー＞と＜スケジュールツアー＞を見極めておくと、手続きがスムーズだろう。これはサファリに限らず、現地のツアー全てに共通。

► Private Tour

　文字通り、仲間内だけのプライベートで行くツアー。フィックスされた行程があるが、要望を伝えればツアーを組み立ててもらえる。車もガイドさんもプライベートで貸しきるため、最低でも2人以上は必要。1人だと2人分の旅費を請求されるだろう。

※ツアー会社の車で国立公園内をゲームドライブする場合は、出発時間や所要時間も好みでお願いすることができる。ツアー会社が所有している車が大型車だと、それなりの人数を揃えないとかなりの割高。クローズ型車なら1人〜2人でも出発できて割安だが、車内は手狭だ。

► Scheduled Tour

　スケジュールが決まっているツアー。日本で言うところのパックツアーだ。1人からでも参加できる。大まかに以下の3通りがある。

①　＜毎週火曜出発＞など、出発日が決まっていて、募集しているツアー。宿泊はキャンプか安めのロッジが多いが、国立公園のレストキャンプを利用するツアーなら、アップグレードも可能だろう。ツアー料金は安め。

②　町から国立公園（私設保護区）へ、毎日客をピストン輸送し、現地では常駐のスタッフが案内してくれるツアー。この場合、車は毎日往復しているので、延泊が可能。しかしオフ

オカバンゴデルタのツアー
　ボツワナのオカバンゴデルタのツアーについては、Private Tour はロッジまで移動の小型機、宿泊、ロッジ主催のアクティビティがセット。Scheduled Tour は車で行くモバイルサファリ＊で、1人からでも参加できる。

シーズンは催行していない場合もある。
　値段は比較的リーズナブル。

③　スケジュールが決まっていて、最低催行人数が集まれば出発するツアー。

　　◇　　　◇　　　◇　　　◇　　　◇

※ Scheduled Tour は通常スケジュール変更ができないが、国立公園のレストキャンプを利用する場合は、宿泊施設を選択できるケースもある（テントかコテージかなど）。

※ Scheduled Tour であっても、ツアー内容に flexible の説明があれば、変更が可能。（ただし同乗者の同意があれば）

※ツアー内容に cannot be customized などの説明があれば、内容変更は不可。

※ Scheduled Tour は Group Tour と呼ばれることもある。ネットで探す際、1人でも参加できるツアーか否かは、一応確認しよう。

11

ツアー手配の前に
まずは基礎知識！

現地発着のツアー探し

観光で訪れる大自然という環境に公共の交通機関はないため、個人でアフリカに出向いても、基本的には現地ツアーに参加することになるだろう。ツアーの最低催行人数は2人からなので、おひとり様でツアー探しに苦労したら、ぜひこの項をご参考に。

現地ツアー探しに便利なサイト

私が現地サファリツアーを探す時よく利用しているのが＜ Safari Bookings.com ＞。

国立公園の詳細や、サファリツアーの一覧、サファリ会社の口コミなどが掲載されている。

このサイトの嬉しいところは、サファリ会社が自社のツアーを紹介するには、ツアー料金も掲載しなくてはならないこと。このサイトが開設されてから、相場が分からない私達がボラれる可能性が一段と減ったのだ。

また、1人でも申し込み可能なツアーか否かも記載されている。「Suitable for Solo Travelers」のアイコンが目印だ（最低2名集まることが必要）。さらに、ゲームドライブの車のタイプも記載されている。（→ 40 頁）

Safari Bookings.com は予約サイトではなく、記載されているツアー会社の**信頼性を保証するものではない**。ツアー会社とのトラブルは、申し込んだ人の自己責任。必ず3社以上に問い合わせるように呼びかけているし、問い合わせをすると、「返事がありましたか？」などのフォローとともにサイト向上を図っている。

なにより数多いサファリツアーの一覧が見られる点が便利だ。

Ⓤ https://www.safaribookings.com/

現地でツアーを探す

日本にいてもネットで情報が入る時代とはいえ、現地に出向くと評判の良いツアー、催行の有無など、日本では得られない情報が多々見つかる。特にバックパッカーが集まる安宿なら、受付で提携会社のツアーを紹介してくれるだけでなく、宿泊客から情報がもらえたりするだろう。時間が充分あるならば、現地で探したほうが好みのツアーが見つかるかもしれない。また、観光局がある町なら相談するのも良い。特に1人旅の場合は、1人分だけでも席が空いているツアーがあれば潜り込めるので、困ったときは観光局にも行ってみよう。

1人旅で、同行者を探す

現地の安宿で、仲間を募っている個人旅行者は決して少なくない。食堂やテラスにいると、「一緒に○○に行かない？良いツアーがあるんだけれど、あと1人参加者が必要なんだ」など声を掛けられることも度々ある。掲示板に同行者募集を貼り出している人もいるし、こちらから声をかけても良い。ただしタイミング良く見つかるとは限らないので、時間に余裕がある人向けだ。中級以上のホテルでの仲間探しは難しい。

格安で行くならセルフドライブ

　仲間が集まるならば、国立公園で最も安くサファリする方法は、レンタカーを利用してのセルフドライブ * だ。ただし普通車のため、ゲームドライブの時、車内はちょっと手狭。開放感があるOpen Vehicle* でゲームドライブしたければ、加えてレストキャンプ * 主催のドライブにも参加すると良いだろう。

　宿泊はレストキャンプがリーズナブル。大勢ならファミリータイプのコテージもあるし、テント持参なら最安値。食事はレストキャンプにレストランがあるが、自炊すれば更に安くあげられる。

※サファリの楽しさはどうぶつが見られるか否かによるので、142 頁からの **<ゲームドライブでどうぶつ探しのコツ>** も参考に頑張って！

※宿泊等は SANPark*、NWR* で要予約

※日没後のセルフドライブは禁止。

※私設保護区はセルフドライブできない。

※ボツワナに関しては、国立公園の道も公道もラフロードなので、セルフドライブはお勧めしない。

➡ 車の旅は故障、事故、パンクやガス欠などについて充分な考慮が必要だ。場所によっては道も悪く、町を出ると街灯もない、季節によっては砂漠の砂嵐、また大雨に見舞われることもある。トラぶっても JAF は駆けつけてくれない。運転技術だけでなく、自然環境や道路状況など様々な知識を持って、自己責任で行くこと。

車がない場合の割安ツアー

　国立公園への送迎、レストキャンプ主催のゲームドライブ、レストキャンプの宿泊、食事をセットにしたツアーが最もシンプルで旅費も安い。ただしゲームドライブは 1 回 3 時間に限られてしまう。

▶ クルーガー NP なら、スククザキャンプへのシャトルバスがあるので、上記のセットをすべて自分で手配することも可能。

▶ ゲームドライブの時間を 3 時間に限らず長時間楽しみたいならば、レストキャンプ主催ではなく、サファリ会社のオープン車でゲームドライブをする Scheduled Tour*（11 頁）を探せば、ロングドライブだろう。この場合はレストキャンプではなく国立公園（または私設保護区）近くのロッジ泊の場合もある。リーズナブルなロッジを利用するツアーなら上記と料金はほぼ同程度。

▶ エトシャ NP なら Closed Vehicle* で行く少人数プライベートツアーが、たぶん最安値。車は狭いが貸切なので、時間に縛られず自由にゲームドライブができる。Open Vehicle* のゲームドライブもしたければ、レストキャンプ発を追加するとよいだろう。

※クルーガーまでのシャトルバス→ 197 頁

➡ 現地ツアー会社の良し悪しを図る術は、評判や口コミ、友人の紹介などを頼りに自分自身で判断するしか方法はない。評判が良い会社でも事故、事件がゼロとは言い切れない。その際、現地発着のツアーは補償や賠償、契約の条件などが日本の旅行会社とは異なることを理解し、自己の責任で申し込むこと。

南部アフリカ旅行 おまけ　5カ国 まるまる回る オーバーランドツアー

頼もしい大型トラックが"足"になり、アフリカ大陸を旅をするオーバーランドツアーは、国境を越えて駆け巡るキャンピングサファリだ。私は旅の計画を立てるのが面倒なとき、ポイッと乗っちゃう。

アフリカ横断してみる⁉

大型トラックに乗り込み、キャンプをしながらアフリカ大陸を横断、縦断して東から南まで巡る長期間ツアーがある。ヨーロッパや南アフリカ資本の会社が多く、オーバーランドツアーと呼ばれている。

4〜5日の短期間ツアーから、1週間以上、2週間以上など様々なコースがあり、組み合わせにより最長70日を越え、ケニアのナイロビから南アフリカのケープタウンまで旅することもできる。

私も最長3週間、最短6日で、5回利用したことがある。ちょっと体力が必要だけれど、主な観光地はほぼ回れるし、1人では行きづらい所にも連れて行ってもらえる。気軽にアフリカのあちこちを回れるのが利点だ。

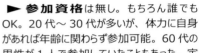

▶ **参加資格**は無し。もちろん誰でもOK。20代〜30代が多いが、体力に自身があれば年齢に関わらず参加可能。60代の男性が1人で参加していたこともあった。定員は25〜30人位。少ないときは6人でトラックがガラガラだった。共通語は英語。

▶ **セキュリティ**もしっかりしていて、トラックの中には個人用のロッカーが完備されている（南京錠を持参）。お金やパスポートをしまう金庫もあり、初めてのアフリカも安心だ。

▶ **ツアー料金**は、大型トラック、テント、マットレス、ガイド、ドライバー、主な国立公園の入場料、ゲームドライブ（トラックでできる場合のみ）など、基本的なもののみで、あと

↑アフリカ旅行中、ちょくちょく見かける巨大な大型トラックがオーバーランドツアー。乗ってみる？

↑トラックの中でバッテリーチャージができる。欧州の会社だったため、変換プラグはBFタイプだった。全世界対応型の変換プラグを持っておこう

は各観光地で好みのアクティビティを申し込む形だ。要らないものはパスすればいいので、リーズナブルに旅ができる。

▶ **国境を越え**て旅するので、トラックに乗っていれば面倒な移動も楽々。ツアーガイドや参加者と一緒なので、出入国手続きも心配ない。

▶ **食事**は、朝夕のみで、昼は自由というツアーが多いようだ。町に到着すれば必ずスーパーマーケットに立ち寄ってくれる。

朝食、夕食は当番制で自炊だが、町に泊まる時は夕食無しで、好みのレストランに行けるように組まれている。

▶ **ツアー中のタスク**があり、<食事係><皿洗い係><トラックの掃除係><セキュリティ係>などが回ってくる。グループ分けはツアーガイドがしてくれる。ちょっと面倒くさいが、その分みんなと仲良くなれるし、一生の思い出になるだろう。

↑テントは 2 人で利用。設営の仕方が分からなくても手伝ってもらえる。初めてのキャンプでも心配しなくて大丈夫！

▶ **宿泊**は基本テントだが、各地でアップグレードはできる（別料金。ロッジがない所は不可）。

■ オーバーランドツアーの会社は数多くある。ネットで探すときは、Overland、Africa、Campingなどの検索ワードで見つかるだろう。ちなみに私が最近利用したのは、Absolute Africa
Ⓤ https://www.absoluteafrica.com/

<各地アクティビティ例>
・ナイトドライブ（エトシャNP）
・ボートサファリ（チョベNP）
・遊覧飛行、サンセットクルーズ、バンジージャンプなど（ビクトリアフォールズ）
・ヒンバ村訪問（ナミビア）
・サンドボーディング、ドルフィンクルーズなど（スワコプムント）
・ワインテイスティングツアー（ステレンボッシュ）etc.

↑ツアー最後の夜。70日間一緒に旅した仲間と旅の思い出に花を咲かせ、みんな笑顔。最後に泣く

旅の基本情報

南部アフリカへのルート

南部アフリカへの玄関口はヨハネスブルグがメイン。乗り継ぎ最低1回で日本から毎日アクセスできる

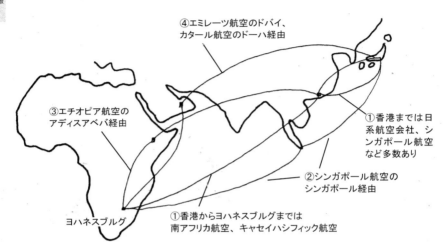

④エミレーツ航空のドバイ、カタール航空のドーハ経由

③エチオピア航空のアディスアベバ経由

①香港までは日系航空会社、シンガポール航空など多数あり

②シンガポール航空のシンガポール経由

ヨハネスブルグ

①香港からヨハネスブルグまでは南アフリカ航空、キャセイパシフィック航空

空の玄関口 ヨハネスブルグ

①香港経由

　最もポピュラーなルートだろう。日本から香港までは南アフリカ航空（共同運航）をはじめ多数の航空会社が出航している。香港からヨハネスブルグへは、南アフリカ航空 SA、キャセイパシフィック航空 CX で朝7時台に到着できる。所要時間は、

・日本→香港＝約4時間50分
・香港→ヨハネスブルグ＝約13時間10分

トランジットがスムーズな便だと、香港での待ち時間は1時間55分で、トータル最短20時間ぐらい。

②シンガポール経由

シンガポール航空を利用。

・日本→シンガポール＝約7時間10分。
・シンガポール→ヨハネスブルグ＝約10時間45分。

シンガポールでの乗り継ぎ時間によるが、最短だと20時間ぐらいで行ける。ただし、遅延すると乗り継げない恐れがあるので余裕を持った

16

便のほうが良いだろう。
③アディスアベバ経由
エチオピア航空を利用するアディスアベバ経由もある（アディスアベバまで、途中香港かソウルを経由）。所要時間はトータルで23時間ぐらいから。少し遠回りだが、値段は安い。
④中東経由
　ドーハ経由のカタール航空便、ドバイ経由のエミレーツ便があり、いずれも所要時間は22時間〜23時間ぐらいから。

　いずれの便を利用する場合も治安の面を考えると、できれば明るい時間にヨハネスブルグに到着するほうが良いだろう。夜到着なら空港ホテルに宿泊しよう。クルーガーのツアーは空港までピックアップに来てくれる。

長距離バスについて
- 5カ国を走る国際長距離バス → 18頁参照
- 各国内の長距離移動→ 177頁からの各国の情報欄を参照

4カ国を繋ぐ航空便

　この本でも紹介している観光の拠点となる町（現地発着ツアーの出発地）へは、いずれも飛行機でのアクセスが可能。ただし場所によっては便数が少ないので、ハイシーズンに旅行するのであれば、早めに予約しておいたほうが確実だろう。

　国内線なら片道どこでも最安は1.5万円ぐらいから利用できる。人気のルート、ヨハネスブルグ→ケープタウン間は便数も多く値段も安めで、コムエアー Comair Limitedだと1万円ぐらいからあるようだ。

　国境を越える便は片道2.5万円ぐらい〜（ルートによる）。

乗り継ぎ時間について

乗り継ぎに必要な時間は、Minimum connecting timeで検索して調べておこう。国際線から国際線への乗り換え、国際線から国内線への乗り換えでも所要時間が変わってくる。
　時間が短い場合、座席を選べるなら、早く降りられるように、前の方の席ししておこう。

主な航空会社

- **南アフリカ航空 SA**
South African Airways
🌐 https://www.flysaa.com/
- **マンゴーエアライン JE**
Mango Airline
🌐 https://www.flymango.com/
- **ナミビア航空 SW** Air Namibia
🌐 http://www.airnamibia.com/
- **エアボツワナ BT** Air Botswana
🌐 https://www.airbotswana.co.bw/
- **エアジンバブエ UM** Air Zimbabwe
🌐 https://www.airzimbabwe.aero/

南部アフリカの長距離バス

陸路で移動しながら長期旅行をする場合は、5 カ国をまたいで走る国際バスが便利だ。各国内の移動については、177 頁からの＜移動手段と観光の拠点＞をご参考に。

国境を越えて走る 国際バス
International bus

■ Intercape

観光地や大きな町に停車する。陸移動の場合、辺鄙な所にある国境まで簡単に行けるので便利だ。乗客が多いため、出入国手続きに少々時間がかかってしまうのは仕方がないが、一度乗ってしまえば目的地まで連れて行ってもらえるのが利点。

チケットの予約は、安い順に Saver、Flexi、Full Flexi の3種がある。一方キャンセル料は Saver の方が高く、Flexi、Full Flexi の順に安くなってくるので、予定を変更する可能性が低ければ、Saver のほうがお得だ。

Ⓤ http://www.intercape.co.za/

※各地のバス乗り場のロケーションも、公式サイトから確認できる。

■国境を越えるときの注意

自炊をしながら長期旅行をしている場合、野菜、果物、肉などの生ものは国境を越えて持ち出せないので、前日までに使い切っておこう。

また、検疫では靴の消毒をする。消毒液に足を突っ込むだけだが、履いている靴だけでなく、予備の靴やサンダルも対象なので、出しやすい所にしまっておこう。

※私が利用したのは Intercape。他に Greyhound も国境を越えて、主要な町を繋ぎ、走っている。

↑出国手続きが済んだら、バスに戻って国境を越える場合と、徒歩で越えて入国手続きをしてから、先に到着していたバスに戻る場合がある。同じバスに乗っている人と一緒に行動すると安心だ

国境越えの注意

ナミビアではナミビアドルと南アフリカランドの両方のお金が使われているが、**南アフリカではランドのみ**。ナミビア側から南アフリカに入る予定なら、ナミビアドルから使って、おつりをランドでもらうようにしよう。

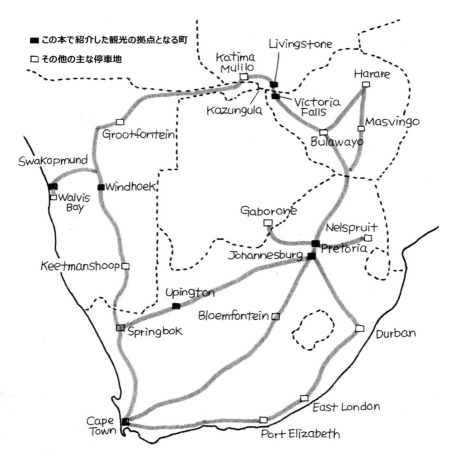

※このルートマップ上の停車地は、この本で紹介した観光の拠点となる町＋αのみ抜粋。
　公式サイトで全ルートマップはダウンロードできる。
※各国内の長距離移動は、177頁からの各国情報＜移動手段と観光地の拠点＞を参照。
※他にグレイハウンドなども運行している。

旅の持ち物

出発が迫ったら念のため再確認。◎は必須。○はほぼ必要。△はあると便利。★は盲点かも。

<貴重品>

- ◎ **パスポート**…コピーも。
- ◎ **航空券**…eチケット控え（コピーも）
- ◎ **現金**…米ドルを用意。現地の通貨については28頁からの各国基本情報を参照。
- ○ **イエローカード**…必要に応じて。
- ◎ **クレジットカード**…紛失、盗難の恐れがあるので、必要なものだけ持っていこう。
- ◎ **クレジットカード紛失時の連絡先**…利用しているカード会社の窓口をメモって、貴重品とは別に保管しておこう。アフリカには窓口がなく、問い合わせ先が日本のケースも多い。
- ○ **証明写真・身分が証明できるもの・戸籍抄本**…万が一パスポート紛失の際に。
- ◎ **海外旅行保険控え**
- △ **スマホ、タブレット**

※書類コピーは家で待つ家族にも渡しておくと尚安心

<着るもの関係>

- ◎ **着替え、下着**…色の濃い服は虫がたかりやすい。
- ★ **虫除け素材の服**…湿原地帯や川沿いで長期間のキャンプをするなら、あると安心。
- △ **洗濯洗剤**…長期滞在なら。
- ○ **雨具**…訪問先と季節によって必要。ビクトリアフォールズではポンチョがあると重宝する。
- ○ **帽子**…日射病対策に。冬のサファリには防寒用の帽子。
- ◎ **日除け、砂除けのサングラス**…紫外線透過率が低いものがいい。レンズの色が濃いものは瞳孔が開いてしまうので、紫外線対策としては不向き。
- ○ **靴**…砂漠用など、必要に応じて。
- ○ **ビーチサンダル**…キャンプする人は、シャワーの時便利。
- △ **水着**…プールやデビルスプールで泳ぐ人は。

<洗面＆化粧系>

- ◎ **洗面具**…基礎化粧品、シャンプー、石鹸など基本のもの。砂漠に行くなら保湿力の高いローションがいい。香りがキツいリンスなどは虫がたかりやすい。
- ◎ **日焼け止め**…陽射しが強いので必須。
- ◎ **歯ブラシ・歯磨き粉**…ホテルのアメニティに歯ブラシはついていない。
- ○ **ウエットティッシュ**…手を洗えない時用に。消毒タイプがあると病気対策にも安心。
- ○ **拭き取るタイプの化粧落とし**…キャンプでは洗面所が共用なので、あると役立つ。
- ○ **タオル**…ロッジにはある。キャンプは必要。ツアーによっては用意してくれる。
- △ **ヘアドライヤー**…僻地のロッジには、ほぼない。使うなら。
- △ **爪切り**…長期旅行なら。
- ○ **トイレットペーパー**…公衆トイレにペーパーはほぼ完備されているが、キャンピングツアーなら必要。現地のスーパーで1ロールから買える。
- ○ **生理用品**…町のスーパーで入手可能。

○ **リップクリーム、ワセリン**…砂漠地方は乾燥がハンパない。

<その他>

◎ **変換プラグ**…「全世界対応型」でも対応できない B3L タイプが多い。現地で調達するなら日本の電化製品とつなぐために C タイプなども必要。いずれにしても全世界対応型があるといい。少々高いがネットショップなら、日本のプラグと直接つなげる B3L タイプが買える。

○ **変圧器**…電化製品を使用するなら。カメラやスマホのバッテリーチャージは通常必要なし（AC アダプターに 100～240V とあればほぼ大丈夫）。各国の電圧は 28 頁～参照。

★ **モバイルバッテリー充電器**…ボツワナでキャンプをする予定なら、キャンプサイトに電源がないので、あるとよいかも。車でもチャージできるか、ツアー会社に確認しておこう。

○ **タコ足**…充電するものが複数ある場合は、タコ足が便利。

◎ **カメラと付属品**…サファリをする場合、レンズは 200 ㎜から 400 ㎜があると完璧。どうぶつは動きがあるので、想像以上にシャッターを切るだろう。メモリーカードは多めに。予備のバッテリーもあったほうがいい。

★ **カメラ用レインカバー**…ビクトリアフォールズに水量が多い時に行くなら、あると安心。

○ **電池**…電池式の製品を持って行くなら。

○ **双眼鏡**…あるとないではサファリの楽しさが全然違う。できれば 8 倍以上。

○ **懐中電灯**…ナミブ砂漠で夕陽を見る予定ならあると良い。キャンプなら必須。

○ **目覚まし時計**…スマホの目覚まし機能がなければ。サファリの朝は早い。

◎ **ペン、ノート**… ペンはなくしがちなので、予備も。

△ **裁縫道具**…小さいのがあると、いざという時便利。

△ **安全ピン**…何かと便利。

△ **はさみ、ガムテープ**…何かと便利。蚊帳が破れていたら、ガムテで補強。

△ **ファスナー付きビニール袋**…あると便利。

★ **南京錠**…安宿、ドームに宿泊するなら、ロッカー用の南京錠が必要。

○ **辞書、電卓**…スマホアプリがない場合。

△ **目薬**…砂埃がたつエリアに行くのなら。

◎ **絆創膏、消毒液**…ちょっとした怪我に。

◎ **常備薬**…風邪薬、胃腸薬など。砂漠や舗装されていない道路は揺れるので、車酔いしやすい人は酔い止め薬も。

◎ **虫除け**… マラリア予防に必須。ガスタイプのスプレーは機内持ち込み禁止。

○ **マラリア予防薬**…訪問地によっては任意で服用（26 頁参照）

★ **どうぶつのガイド**…ゲームドライブの時、あると楽しさがぐぐっとアップする。本書！

変換プラグに要注意

南部アフリカの多くが特殊な B3L タイプ。一部 B3、BF タイプの場所もある。

B3L タイプ

欧州タイプ

日本の電化製品

南部アフリカ旅行
心配するより理解しよう

出発前の不安解消

出発前は不安が尽きないアフリカ旅行。とはいえ "秘境" と呼ばれていたのは遥か昔。いまやアフリカは一大観光地だ。世界中から多くの人々がやってきている。しっかりと知識を持って楽しい旅にしよう。

治安対策

アフリカ、特にヨハネスブルグについては「治安が悪い」が定説になってしまっている。確かに街の中心部は犯罪率が高く、近寄るべきではないが、私達が訪れる観光地は、混沌とした街中とはガラリと空気が違い、のんびりしている。実際アフリカを旅行していると、「なんだ、思っていたほど治安は悪くないじゃないか」と感じるだろう。

しかし観光地であってもスリ置き引き、時には強盗も起きているので、気は抜かないように。

♦ ♦ ♦ ♦ ♦

▶治安対策の基本

とりあえず以下の3つを守るだけで、犯罪に巻き込まれる確率を下げることはできる。

① 「治安が悪い」と言われる所には、絶対に行かない。

そもそも観光地ではないので、物見遊山で近づかないこと。

※各町の治安については177頁からの章を参照。

※本書に記載の情報以外にも、現地では治安について、常にアンテナを張っておこう。

※外務省の海外安全情報等で、最新の治安情報も入手しよう。

②夜は出歩かない。

治安が悪い地域ではなくても、夜になるとガラリと雰囲気が変わることがある。海外では状況が分からないので、基本的には暗くなったらホテルから出ないのが賢明だ。外食する場合は、信頼できるタクシーを利用しよう。

③治安が悪いと言われる所以外であっても、雰囲気が悪いと感じたら、すぐに引き返そう。

治安の悪さを図る目安は、

・塀、壁などに落書き、張り紙がある。
・道にゴミが散乱している。
・家や店の窓に鉄格子がある。
・窓ガラスが割れている。
・服装、態度などが悪い人達が多い。
・人通りが少ない（のんびりした雰囲気でも、人が少ない所は注意）。etc.

犯罪被害の多くが、以上の3つを忘れてしまったときに起きている。もちろん3つを守っていても犯罪は起こりえるが、犯罪リスクを下げることはできるのだ。旅行を計画するときは、できるだけ様々な所から情報を入手し、現地では個々で状況を判断して、一人ひとり自分自身でしっかり責任をもって行動しよう。さらに言えば、しっかりしていても不運は起きるということも心得ておくように。

►その他の注意
■人が少ない所
　いかにも治安が悪そうな所は、誰もがすぐに引き返すと思うが、盲点なのはのんびりとした住宅街や穏やかな町だ。一見犯罪とは縁がなさそうな場所でも、人目が少ないということは犯罪者にとっては好都合だ。

■人が少ない時間
　昼間は人通りが多い所でも、日が暮れたり、朝のうちは人が少ないことがある。また日曜（特に朝）は営業しない店も多いので、町を歩く人は少ない。できれば週末は郊外の国立公園などで過ごすスケジュールが良いだろう。

■人が多い所
　逆に人が多い所では、スリや置き引きに注意。観光客が多い所だと安心しがちだが、イスの背にカバンを掛けたり、足元に置くと、置き引きのターゲットになりやすい。

　地元の人達がのんびり過ごしているショッピング街などでもスリ、置き引きは起きているので、充分注意。財布はズボンのポケット、カバンのポケットなど見える所には入れないなど、基本的な注意は怠らないように。

■「たびレジ」に登録しておこう
旅先で最新の渡航情報（危険情報）や、緊急事態発生時に連絡メールを受け取れる外務省のシステム「たびレジ」に登録！
🄴 https://www.ezairyu.mofa.go.jp/tabireg/
■外務省の海外安全ホームページ
http://www.anzen.mofa.go.jp/

各町の治安について
各町の治安については、177頁からの＜治安＞の欄も参照

■町を歩く時の持ち物
　できるだけ荷物は減らして、バッグやリュックを持つ時は充分気をつけて。財布は盗難、紛失に備えて2つ以上に分けて持とう。万が一ナイフなどで脅されたら、抵抗せずにすぐにお財布を出そう。

　高価なアクセサリーや服を身に着けない。

■車上荒らし
　レンタカーで旅行する人は、たとえ貴重品でなくても車に物を残していくとターゲットにされやすいので注意。ヨハネスブルグでは安全と思われる地域でも車上荒らしは起きているという。

　また走行中もドアをロックしておくように。何らかの方法で車を止めさせ、車内に押し入り、金品を奪う事件も起きている。万が一のことだが、ロックする、たったそれだけで防げる。

■ATMを利用する時
　後ろ、回りに気を配るように。道路上など外にあるATMは避け、ショッピングモールの中の方が良いだろう。「使い方の説明をする」と親切に声をかけ、お金を騙し取る手口が報告されているので注意。お金を下ろした後を尾行されて、人目の少ない所で奪われることも考えられるので、まとまったお金を持っている時は特に注意が必要だ。

■クレジットカードを使うとき
　カードを渡しても目を離さないように。暗証番号を押すときは見られないように、特に後ろ

に注意。スキミングの被害があるので、旅先でもマメにネットで明細を確認しよう。

■歩きスマホはダメ！

視界が悪くなると事故だけでなく、周囲の異変にも気が付けない。スマホを見ていると全く無防備なので、強盗にしてみればカモだ。スマホも財布と同様、盗難の対象。

■「日本人の友達がいる」などと声をかけて警戒心をとき、近づいてくる人には要注意。

これは全世界共通だが、これで心を開いてしまう日本人が多いのを利用してのこと。逆に警戒したほうがいい。

■さくさく歩こう。

ゆるゆる歩いていると声を掛けられやすい。言葉巧みに騙したり、スキを狙って財布やスマホを盗みやすいカモは、のんびりした人達だ。

■クリスマス休暇の前

誰もが田舎にプレゼントの１つでも持って帰りたいもの。この時期は犯罪率が上がるので、特に注意を。

■ヒヒに注意！

バッグの中に食べ物が入っていることを知っているため、バッグごと奪われることがある。貴重品が入ったバッグをヒヒに奪われてしまった"事件"も起きたという。パスポートを奪われたら笑い話では済まないので注意を。特にビクトリアフォールズ、ケープポイントにはヒヒが多い。ロッジの庭やキャンプサイトにもやってくるので、荷物から目を離さないように。

■南部アフリカでテロ事件は確認されていない

しかし海外では政治、宗教の話をいたずらにしないほうがいい。

■ヨハネスブルグが心配なら、私自身は観光に便利な隣町ローズバンクに宿泊している。

詳しくは 198 頁、200 頁。

■どんな時でも、どんな場所でも

この本に載せた観光地、町は、安全だから載せたのではないことを理解して欲しい。私自身は１人で旅をしてきた所ばかりだが、どんな時でも場所でも空気を読んで判断し、少しでも危ないと感じたら決して無理はしないようにしている。治安について最終的には「個人個人で責任を持って」としか言えないが、ただひとつ、私の口から間違いなく言えるのは、アフリカ人はみんなフレンドリーで親切。言葉も通じない見知らぬ日本人にも、みんな優しい。困っていたら必ず誰かが手を差し伸べてくれる。

ただし、中には悪巧みをたくらんでいる人もいるので、冷静に慎重に見極めよう。

▶日本から南部アフリカへの電話
（国際電話認識番号）-（各国の国番号※）-（市外局番、０を取る）-（電話番号）
※国番号：ジンバブエ 263、ザンビア 260、ボツワナ 267、ナミビア 264、南アフリカ 27
▶南部アフリカから日本への電話
（国際電話認識番号）-（日本の国番号 81）（市外局番、０を取る）-（電話番号）

＜犯罪の被害に遭ったら＞

　警察署へ行き、被害届証明書 Police Report を作成してもらう。盗まれた現金やカメラなどが戻ってくることはまずないが、海外旅行保険の請求にも必要だ。大きなトラブルに巻き込まれたら、日本大使館に相談すること。

■パスポートを紛失したら
　現地の日本領事館に紛失届けを出して現存のパスポートを失効にし、新規にパスポートの申請をする。交付まで時間がかかるので、帰国を急ぐときは、「帰国のための渡航書」を申請する。こちらは早急に発給してくれるが、帰国するのに必要な書類のみで、パスポートではない。日本に直帰することが条件となる。
＜申請の際に必要なもの＞
① 旅券紛失届出書（現地領事館で記入）
② 被害届証明書（警察で作成）
③ 旅券 or 渡航書発給申請書
④ 身分証明書（運転免許等）
⑤ 顔写真
⑥ 帰りの航空券
⑦ 戸籍謄本か抄本
⑧ 申請費用
※「帰国のための渡航書」は、日本国籍が証明できる身分証があれば、戸籍謄本は不要。
※④〜のものは、盗難に遭いがちな財布やパスポートとは別に保管しておこう。
※万が一に備え、パスポートのコピー（写真が載っているページ）も別にして持っておこう。

■クレジットカードを紛失したら
　直ちに紛失した旨をカード会社に伝え、使用停止の手続きをとってもらう。自分が利用しているカード発行会社の、＜海外からの盗難・紛失時の連絡先＞を出発前にメモっておこう。

■ロストバゲージしたら
　空港の Lost & Found デスクで搭乗券とクレームタグを見せて手続きをとる。運良く荷物が見つかれば、翌日には手元に到着するはずだ。ロストに備えて数日分の洗面具と下着は手荷物に入れておくと安心だ。
　チェックインで荷物を預ける時に、荷物の行き先が目的地ではなく経由地になってはいないか、必ずバゲージクレームを確認しよう。

■パックツアーでトラブルが起きた時
　添乗員なしのパックツアーでトラブルが起きた時は、その場で速やかに日本の旅行会社に連絡をとること。とりあえず自分で対処し、日本に帰ったら文句を言おうと考える人も多いようだが、連絡していないと補償はしてもらえないだろう。会社側としては、その時点で分かっていれば対処できることも多いため、報告は必須となっている。指定のホテルよりもランクが落ちたなどでも、未報告では補償はしてもらえないだろう。とにかくすぐに報告と相談を。

■海外旅行保険の請求をするとき
　荷物を盗まれた、飛行機の遅延があったなどで海外旅行保険の請求をするときは、それを証明するものが必要となる。盗難は警察で、遅延は航空会社で書類をもらっておく。

病気について

予防接種と薬の服用について考慮が必要なのは、黄熱病とマラリア。

■黄熱病　Yellow fever

ネッタイシマカという名の蚊が媒介。潜伏期間は3～6日ほど。突然の発熱、頭痛、筋肉痛、嘔吐などの症状がでる。症状がすすむと腎臓障害、歯茎や鼻から出血、黄疸がみられるようになる。死亡率は20～50%。黄熱病の予防接種を射つと、その後1ヶ月は他の予防接種を受けられないので、その他の予防接種も考えている場合は計画的に。またイエローカードは接種10日後から有効なので、出発の10日前までには必ず済ませておくこと。

＜イエローカード＞

南部アフリカは黄熱病の流行国ではないものの、入国の際、他のリスク国を経由してくる場合にイエローカード（予防接種済の証明書）の提示が必要となる。

※リスク国は流動的なので、厚生労働省検疫所のHPや大使館、領事館などで最新情報を要確認。

※予防接種は日本各地の検疫所で。接種実施日は週に1回しかなく、混雑していると予約もとれない。早めに対処しておこう。

■マラリア　Malaria

マラリア原虫を持つハマダラカから感染。潜伏期間は1～4週間。発熱、悪寒、頭痛、関節痛、筋肉痛など重い風邪のような症状が出る。早めに治療すれば重症化はしないが、ほっぽっておくと死に至ることもあるので、怪しいと感じたらすぐに病院へ行くこと。

＜マラリアの予防薬＞

予防薬はマラロン Malarone かメフロキン Mefloquine。服用を考えている場合は必ず医師から副作用等の説明を聞いてから服用するか否か自分で判断し、処方してもらう。肝臓、腎臓に障害のある人は、服用については医師に要相談。

マラロンはメフロキンよりも副作用が少ないが、服用は毎日。マラリア流行地に入る1日前から、帰国後1週間服用する。

メフロキンは週1回服用。1週間前から帰国後4週間は服用する。人によっては腹痛、目のかすみなどの副作用が出ることもある。

服用する場合は、風邪薬、アスピリン等との併用はしないように。必ず医師に相談すること。お酒も飲まないように。

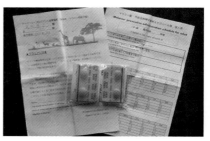

↑マラリアの予防薬マラロン。訪問地や雨季乾季、滞在日数などを考慮して、服用は任意

<マラリアの予防策>

　ハマダラカが生息しているのは、クルーガーとオカバンゴデルタやチョベ NP、ビクトリアフォールズなど水の多い所。ハマダラカが活発になるのは主に夜間なので、暗くなってきたら蚊に刺されないようにすることが、何よりの予防法だ。

　乾燥した土地ではちょっとした火でも広がりやすいため、蚊取り線香は電池式が安全だ。塗るタイプの防虫薬、長袖、長ズボンも効果的。とにかく刺されなければ、マラリアにかかることはないし、蚊に刺されたからといって、すべての蚊がマラリア原虫を持っているわけではなく、刺されても 100% 発病するわけではない。逆に薬を服用していれば大丈夫ではなく、あくまで予防薬。蚊にはできるだけ刺されないようにすることが一番だ。

　▶もし発病したら治療の際、服用している薬の情報を医師に伝えること。

■狂犬病　Canine madness

　犬に限らず様々な哺乳類が感染源なので、どうぶつにはむやみに近づかないこと。決して手を出さないこと。驚かさないこと。発病してしまうと致死率は 100%。噛まれたら傷口をよく洗い、直ちに病院で処置してもらうこと。心配な人は日本で予防接種を。ただし予防接種をしていても、噛まれたらすぐに病院で治療すること。

■破傷風　Tetanus

　土壌に分布している破傷風菌が傷口から侵入すると感染する。潜伏期間は 4 〜 7 日で、発症すると口を開けにくい、首筋が張る、寝汗をかくなどの症状が現れる。治療が遅れると全身けいれんを引き起こし、死に至る。怪我をしたらすぐ洗い流し、早めに病院へ。予防接種は子どもの頃に受けているか否かで、回数が違う。受ける場合は要確認。

■ビクトリアフォールズの病院
・The Health Bridge Private Hospital
95 West Dr. Victoria Falls
■マウンの病院（私立病院）
・Prime Health Medical Center
Plot 720/721, Tsheko-Tsheko Rd.
Maun
■ウィントフックの病院
・Mediclinic
Heliodoor St. Eros,9000, Windhoek
■スワコプムントの病院
・Mediclinic Swakopmund

Franziska Van Neel, Swakopmund
■ヨハネスブルグの病院
・Netcare Milpark Hospital
9 Guild Rd. Parktown West,
Johannesburg
■プレトリアの病院
・Life Groenkloof Hospital
50 Geore Storrar Dr. Groenkloof,
Pretoria
■ケープタウンの病院
・Mediclinic Cape Town Hospital
21 Hof Street, Oranjezicht, Cape Town

※現地の医療情報については、外務省の各国情報をご参考に。

旅行のための各国基本情報

旅行の準備に必要な基礎情報。ビザや現地通貨などについて。

ジンバブエ 旅の基本情報
Travel Info.
.... Zimbabwe

▶ **パスポート** 期限が有効なもの。

▶ **ビザ** 必要。日本では取得できず、現地空港、国境で取得。30日まで滞在可能。支払いは米ドルなので、キャッシュを用意。
シングルビザ 30ドル、ダブルビザ 45ドル。

■**KAZAビザ** ジンバブエとザンビアの行き来ができるKAZAビザもある。ボツワナに行って再びジンバブエに戻る場合、再入国の際ビザが必要だが、チョベNPの日帰りツアーに限りKAZAビザで再入国できる。

▶ **電圧と変換プラグ** 230/240V、50Hz。コンセントの差込口はBF、B3L。ビクトリアフォールズはほぼBFだった。21頁参照。

▶ **時差** 日本時間 − 7時間。

▶ **お金** ジンバブエドル ZWD。単位はZ$と表記。2019年7月現在、ビクトリアフォールズ周辺の観光関連のレストラン、ショップでは米ドルが使えたが、ジンバブエドルへの両替はできない。米ドルが使えない店では、クレジットカードかデビット。ATMは下ろせない所が多い模様。今後、ドルが使える場所が減るかもしれない。最新の情報を要入手。

▶ **チップ** レストランやホテルでは料金の約10%。サファリは車1台あたり約20ドル。

※ガイドさんへのチップは気持ちなので目安に。

▶ **予防接種と予防薬 イエローカード**
マラリアについてはリスク国なので充分注意しよう。黄熱病感染の恐れがある国からの入国の際は、イエローカードが必要。

▶ **言語** ショナ語など各民族の言葉と、英語も話される。

▶**日本大使館** 4th Floor Social Security Centre Corner Julius Nyerere Way × Sam Nujoma St., Harare
Tel：+263（0）242250-025 〜 7
月〜金：8：15 〜 12：45、13：45 〜 17：00
（領事受付は 8：15 〜 12：30、14：00 〜 16：45）

▶ **在日本 ジンバブエ大使館**
〒108-0071 東京都港区白金台5丁目9-10
Tel：03-3280-0331

▶ **観光局ウェブサイト**
Ⓤ http://www.tourism.gov.zw/

→ジンバブエとザンビアの国境。川が国境線なので、橋を渡って入国

ザンビア 旅の基本情報
Travel Info.
.... Zambia

▶ **パスポート** 失効期限まで入国時から6ヶ月以上残っていること。

▶ **ビザ** 観光ビザは50ドル。
※左頁 KAZA ビザ参照。

▶ **電圧と変換プラグ**
220/240V、50Hz。差込口は BF、B3 タイプ。

▶ **時差** 日本時間 − 7時間

▶ **お金** ザンビアクワッチャ ZMM。単位はK。

▶ **チップ** レストランでは代金にサービス料が含まれない場合は 10%ぐらい。

▶ **予防接種と予防薬 イエローカード**
マラリアはリスク国。黄熱病感染の恐れがある国からの入国の際は、イエローカードが必要。

▶ **言語** トンガ語、ベンバ語などの他、英語も話される。

▶ **日本大使館** No.5218,Haile Selassie Avenue, Lusaka, Zambia
Tel：+260（0）211-251555
月～金：7：30 ～ 12：15、13：30 ～ 16：30
（領事受付は 8：00 ～ 12:00、14：00 ～ 16：00 ）

▶ **在日本 ザンビア大使館**
〒 142-0063 東京都品川区荏原1丁目10-2
Tel：03-3491-0121 ～ 2

▶ 観光局ウェブサイト
Ⓤ https://www.zambiatourism.com/

ボツワナ 旅の基本情報
Travel Info.
.... Botswana

▶ **パスポート** 失効期限まで、入国時から6カ月以上残っていること。

▶ **ビザ** 観光目的で 90 日以内なら不要。入国時に観光開発税 30 米ドルが必要。

▶ **電圧と変換プラグ**
230V、50Hz。差込口は B3L タイプ。

▶ **時差** 日本時間 − 7時間

▶ **お金** ボツワナプラ BWT。単位はプラ Pula とテベ Thebe で、P、t と表記。P1=t100。

▶ **チップ** レストランでは代金の 10%。サファリのガイドさんへは 1 回（3 時間）4 ～ 5 ドル相当を目安に。

▶ **予防接種と予防薬 イエローカード**
チョベ NP やオカバンゴデルタはマラリアの注意が必要。黄熱病のリスクがある国からの入国には、イエローカードの提示が必要。

▶ **言語** ツワナ語が公用語、英語も通じる。

▶ **日 本 大 使 館** 4th floor Barclays House, Plot 8842, Khama Crescent Private Bag 00222 Gaborone
Tel：+267（0）391-4456
月～金：8：00 - 16：45（領事受付は 8：30 ～ 12:00、14：00 ～ 16：30）

▶ **在日本 ボツワナ大使館**
〒 108-0014 東京都港区芝 4-5-10 カーニー・プレイス芝 6 階
Tel：03-5440-5676

▶ **観光局ウェブサイト**（英語）
Ⓤ http://www.botswanatourism.co.bw/

ナミビア 旅の基本情報
Travel Info.
Namibia

▶ **パスポート** 失効期限まで、入国時から6ヵ月以上残っていること。

▶ **ビザ** 観光目的で90日以内は不要。

▶ **電圧と変換プラグ** 220V、50Hz。コンセントの差込口はB3Lタイプが多い。一部でBFも使われている。

▶ **時差** 日本時間 − 7 時間
※ 2018年より冬時間は廃止された。

▶ **お金** ナミビアドル NAD。単位は ND、N$と表記。南アフリカランドも使える。(ND10 = R10)。米ドルから両替する場合は、南アフリカよりレートは良いようなので、現金が多く必要なら、ナミビアで両替したほうがいいだろう。ナミビアの後に南アフリカへ行く予定なら、ナミビアドルから使っていこう。出国が迫ってきたら、おつりは南アフリカランドでもらうと良い。

▶ **チップ** レストランでは料金の10%位。サファリのガイドさんは、車に何人乗っているかによるが、1回につき80NDぐらいが目安。

▶ **予防接種と予防薬、イエローカード**
黄熱病のリスクのある国からの入国は、イエローカードが必要となる。

乾燥地帯のため蚊は少なく、マラリア感染の可能性は低いが、北部、特にオカバンゴデルタに近いあたりは注意が必要。

▶ **言語**
オシワンゴ語、ダマラ語など地元の人々の言語の他、アフリカーンス語、ドイツ語、英語を話す人もいる。観光地では英語が通じる。

▶ **日本大使館**
78 Sam Nujoma Drive, Klein Windhoek, Namibia
Tel：+264-(0) 61-426-700
月～金：08：30～12：45、13：45～17：00
(領事受付は 09：00～12：30、14：00～16：00)

▶ **在日本 ナミビア共和国大使館**
〒106-0041 港区麻布台 3-5-7 Amerex Building 4階
Tel：03-6426-5460

▶ **観光局ウェブサイト**（英語）
🌐 http://www.namibiatourism.com.na/

▶ **その他**
土曜の13時以降と日曜終日は、お酒の販売が禁止されている。必要なら事前に買っておこう（レストラン、バーでは飲める）。

冬時間が廃止
2018年より冬時間が廃止になった。古いスマホでタイムゾーンを設定すると冬時間が表示されるかもしれないので、気をつけて！

公衆トイレ用に N$1 をキープ
ナミビアの公衆トイレは有料。だいたいどこでも N$2 だ。お札だとお釣りがないことが多いので、N$1 コインを用意しておこう。

南アフリカ 旅の基本情報
Travel Info.
.... South Africa

▶ パスポート
最低 2 ページの余白があること。

▶ ビザ 観光目的で 90 日以内なら不要。
入国審査には復路、または他国への航空券が必要。

▶ 電圧と変換プラグ 220V、50Hz。コンセントの差込口は B3L タイプ。

▶ 時差 日本時間 － 7 時間

▶ お金 南アフリカランド ZAR。単位は R と表記。日本円からの両替が可能。帰国時に余ったランドを日本円に両替する場合、日本円をランドに両替した時の領収書が必要になるので、捨てないように。

▶ チップ レストランは料金の 10% 位～。サファリのガイドさんへは、1 人 R80 が目安。
※日本からのパックツアーだと、チップは旅行代金に込みの場合もあるので、要確認。

▶ 予防接種と予防薬、イエローカード
クルーガーはマラリア感染地域。乾季は蚊が少なめだが、一応蚊除けの対策はしておこう。雨季に訪れる場合は注意。それ以外の場所はほとんどマラリアフリー。黄熱病の危険地域から入国する場合は、イエローカードが必要。

▶ 言語
英語、アフリカーンス語、各民族言語。

▶ 日本大使館
259 Baines St, Crn Frans Oerder St,
Groenkloof, Pretoria
Tel：+27-（0）12-452-1500

月曜～金曜 :8 :30 ～ 17 :00
（ 領事受付は 9:00 ～ 12:30、14:00 ～ 16:00）

※ケープタウン領事事務所
21st Floor Office, The Towers,
 2 Heerengracht Corner, Hertzog Boulevard, Cape Town 8001,
Tel：+27-（0）21-425-1695（代表）

▶ 在日本 南アフリカ共和国大使館
〒 102-0083 東京都千代田区麹町 1 － 4
半蔵門ファーストビル 4 階
Tel :03-3265-3366

▶ 観光局ウェブサイト（日本語）
Ⓤ http://south-africa.jp/

▶ その他
店頭の全ての商品に物品税 14% が加算されているが、観光客は免税となるため、支払った税金は申請すれば返してもらえる。手続きは出国前に空港で。条件・必要書類は、
・買い物の合計額が R250 以上
・税額が記された領収書
・購入した商品の提示
通常もらえるレシートではなく、物品税額（Value Added Tax、略 VAT）が記された領収書が必要なので、買い物した際に貰っておこう。空港での手続きには時間がかかることがあるので、還付してもらう場合は早めに行こう。

ジンバブエ共和国 Zimbabwe
ザンビア共和国 Zambia

① ビクトリアフォールズ
世界3大瀑布のひとつに数えられる、大迫力の滝 ⇒ 42頁

ボツワナ共和国　Botswana

② チョベ国立公園
アフリカゾウの生息で知られるエリア。ボートサファリが人気 ⇒ 54頁

③ オカバンゴデルタ
広大な湿原地帯。カヌー体験、野生どうぶつウォッチングなど楽しみも多い ⇒ 62頁

④ マカディカディパン
真っ白な乾いた塩湖。ミーアキャットとの出会いや星空の下で寝るツアーがある⇒ 70頁

ナミビア共和国　Namibia

⑤ ナミブ砂漠
広大な砂漠地帯の一部が国立公園。荒涼としたアフリカの風景を堪能 ⇒ 74頁

⑥ エトシャ国立公園
白いパンが広がるエリア。ゲームドライブだけでなく、景色も素晴らしい所 ⇒ 80頁

⑦ スピッツコップ
巨大な岩山がそびえる西部劇で見るような光景。サン族が暮らしてきたエリア⇒ 88頁

⑧ チーターパーク
絶滅危惧種のチーターを保護している施設。チーターと記念撮影も可能⇒ 90頁

⑨ フィッシュリバーキャニオン
世界で2番目、アフリカで一番大きな渓谷の壮大な景色 ⇒ 91頁

⑩ ケープクロス
ミナミアフリカオットセイの大繁殖地。ビーチから観察できる ⇒ 92頁

⑪ ナミビア西海岸
観光アクティビティの拠点。様々なデイツアーが出ている⇒ 94頁

南アフリカ共和国 South Africa

⑫ クルーガー国立公園
南アフリカ最大の野生どうぶつエリア。私設保護区も隣接している ⇒ 98頁

⑬ ブライデリバーキャニオン
ドラケンスバーグ山脈の渓谷で、風光明媚なドライブコースに展望台がある⇒ 108頁

⑭ モホロホロ野生動物リハビリテーションセンター
密猟などの犠牲になった野生どうぶつを保護。タカの餌やりを体験できる⇒ 109頁

⑮ カラハリトランスフロンティア公園
マニアに人気の、砂漠のサファリエリア ⇒ 110頁

⑯ ナマクワランド
春になるとデイジーなどが花開き、カラフルな花のじゅうたんが見られる⇒ 111頁

⑰ ジャカランダシティ（プレトリア）
ジャカランダの花で紫色に染まる町プレトリア。季節限定のお楽しみ⇒ 112頁

⑱ ケープタウンと近郊
テーブルマウンテンがそびえる観光の港町。喜望峰やペンギンビーチの拠点となる ⇒ 116頁

※観光の拠点となる町の情報は、177頁〜を参照

オカバンゴデルタ→ 62 頁

チョベ国立公園→ 54 頁

ビクトリアフォールズ→ 42 頁

南部アフリカの観光地 その1
豊かな水の恵みで潤う、緑あふれるエリア

世界三大瀑布のひとつビクトリアフォールズや、世界最大の内陸湿原オカバンゴデルタ、豊かな川の水が野生どうぶつを育むチョベ国立公園など、潤いのエリアを訪れれば、"アフリカってハンパない！"と心底この大陸の広大さを思い知らされるだろう。

南部アフリカの観光地 その2
延々と続く砂漠、岩山、大渓谷 etc.
荒涼としたエリア

　世界最古の砂漠と言われるオレンジ色の大砂漠、アルカリ湖が干上がった真っ白な大地"パン"、むき出しの岩が延々と続く大渓谷 etc.
　これも自然豊かなアフリカの一面だ。そんな環境でもたくましく生きるどうぶつとの出会いは、自然を訪ねるアフリカ旅行の醍醐味だ。

スピッツコップ→ 88 頁

エトシャ国立公園→ 80 頁

ナミブ砂漠→ 74 頁

フィッシュリバーキャニオン→ 91 頁

37

クルーガー国立公園→ 98 頁

チョベ国立公園→ 54 頁

オカバンゴデルタ→ 62 頁

南部アフリカの観光地

その3 アフリカ旅行のお楽しみ
野生どうぶつに出会えるエリア

アフリカと言えば野生どうぶつ！ サファリが楽しめるエリアは南部アフリカのあちこちに点在している。言い換えれば、野生どうぶつ達は緑豊かなエリアから荒涼としたエリアまで、どんな環境であってもたくましく生きている。

エトシャ国立公園→ 80 頁

Safari Car ゲームドライブ の 車 について

サファリカーには様々なタイプがある。ツアーに申し込む前にゲームドライブはどのタイプの車でするのか確認しよう。

Open Vehicle（Open-sided Vehicle）
オープンタイプ。開放感があって座席の位置も高く、見晴らしが良い。レストキャンプ主催のゲームドライブはこれ。私設保護区もこのタイプで、ボンネットの前にどうぶつを探すトラッカーさんが座る席がある。オープンタイプを所有しているサファリ会社のツアーもこのタイプ。

Closed Vehicle（Normal 4 × 4 Vehicle）
クローズタイプ。通常の4駆車で開放感はないが、プライベートで貸切るならリーズナブルだ。ツアーの移動車でそのままゲームドライブする場合はこのタイプ。レンタカーでセルフドライブ＊する人もこれ。

Pop-up roof Vehicle
ルーフがオープンになるタイプ。移動とゲームドライブ兼用。ツアーは大人数制。

Truck
オーバーランドツアー＊の場合、国立公園によっては大型トラックでゲームドライブする。

サファリと大自然が楽しめるエリア

Area Guide

潤いのエリア、荒涼としたエリア、サファリができるエリア。アフリカの大自然が楽しめる様々なエリアを紹介。

ビクトリアフォールズ

世界自然遺産   Victoria Falls

その迫力に圧倒されること間違いなし！
33頁地図 ①

どんなところ？

北米のナイアガラの滝、南米のイグアスの滝とともに世界三大瀑布のひとつに数えられる巨大な滝、ビクトリアフォールズ（通っぽく、ビックフォールと呼ぼう！）。知名度ではナイアガラの滝に劣るが、あなどってはいけない。落差はナイアガラの約2倍のスケールで最高108m。滝幅は1.7km続く。あまりの水量の多さに地元では"雷鳴の轟く滝" Mosi oa Tunya モシオアツンヤと呼ばれてきた。現地に行くとその轟きは、滝の姿が見えない所にでも響いている。

西洋によって発見されたのは1855年。子供の頃、世界偉人伝で読んだかもしれない、あのアフリカ探検家リビング

↑刻々と表情を変えるビクトリアフォールズ。これは閉園間際の5時45分頃。44頁地図⑧から⑫ぐらいまで続くレインフォレストから

ストン一行によって発表されている。滝の英名は女王に因んで名づけられた。

滝の水源であるザンベジ川は、ジンバブエとザンビアの国境線となっていて、滝が流れ落ちる側がザンビア領、対岸がジンバブエだ。国立公園は両国にそれぞれ制定されている。

↑45頁地図⑭から見た滝。このあたりは柵がなく自然のまんま

ビクトリアフォールズのお楽しみ

1　ジンバブエ側はナイスビュー！

　滝全体の見晴らしポイントの数や眺められる角度など、ジンバブエ側は眺望的に恵まれている。流れ落ちる滝の真向かいに立って眺めることができるのだ。国立公園内には幾つものビューポイントがあり、1時間〜3時間ぐらいで、ほぼ全てのポイントを見て回れる。

　まずは西端のデビルスカタラクトだ。東に向かって進むと、滝全体をパノラマで見ることができるメインフォールズ。さらに東の端まで行くと柵もなく、岩肌がむき出しで自然のまんま、デンジャーポイントだ。更に右手に進むとビクトリアフォールズ橋が見られる。

　ビクトリアフォールズ タウンから滝までは近く、歩いて行くことも可能。

2　ザンビア側は楽しみがいっぱい

　滝が流れ落ちる側にあたるのがザンビア。ザンビア側の楽しみは、滝を見るだけでなく、「体験」できることだ。

　ツアーに参加すれば、ザンベジ川に浮かぶリビングストン島にボートで渡ることができる。島にアクセスできるのは水量が少ない時期限定だが、特に水が減る9月頃からは、滝の際（デビルスプール）で泳ぐ"恐怖の遊び"も楽しめる。参加希望なら水着をお忘れなく。

　また、滝の下まで下りる道がある。下りは15分、上りは25分と少々足腰にこたえるので覚悟して！マイクロライトの出発もザンビア側から。

※滝の下"ボイリングポット"（45頁地図㉑）へ下りられるのは16時まで。

↑メインフォール。太陽が低いほうが、虹は高く、大きく見えてくる。44頁地図⑧から

↑ナイフスエッジから。左側がジンバブエ、流れ落ちる滝はザンビア。45頁地図⑳から

⭐ 3 空から見れば、滝が一目瞭然！

ブルブルと爆音を上げて浮上するヘリコプター。バクバクと鼓動は高まり、気持ちも否応なしに浮上する。

フライト間もなく緑の大地に吹き上がる水煙が見え始め、滝の上空まで来ると、あまりに広くて把握しづらかった滝とザンベジ川、滝の先に連なる渓谷の全容が手にとるように見えてくる。約1.7kmもの川幅から水煙を上げて流れ落ちる様は圧巻だ。

地上から見る滝もダイナミックだが、空から見る滝も別の魅力に溢れている。わずか12分～13分のフライトでも、滝の景色を堪能するには満足だろう。

右の席でも左でも、滝が見られるよう方向を変えて2周してくれる。1人だと見晴らしが良い助手席の可能性あり！
※ヘリコプターは水量が多く、大地が緑色の頃が良いシーズンだろう。

⭐ 4 サンセットクルーズでアフリカに乾杯！

とうとう明日帰国（泣）。楽しかったアフリカの日々を思い出しつつ、しんみりとアフリカ最後の夕陽をクルーズで！とシャレ込んでみた。場所はもちろんビクトリアフォールズの水源であるザンベジ川だ。

客席12席の小型船でのーんびり。少し明るい時間から出発し、シャンパンやワインを味わいながら午後の風を感じていると、アフリカゾウやカバ、色鮮やかなハチクイなどが次々とご挨拶。ひとしきりどうぶつウォッチングを楽しんだ後はサンセットタイムだ。刻々と沈む太陽は日本で見るより赤く感じる。カワウの群れが夕陽に染まる川面を飛んで行く。さよなら、アフリカ。また来るねーー！

初日でも中間日でもグッドだよ♪
※船は大型船、2階建などもあり。また、夕食付きのディナークルーズもある。

↑この年、7月初旬なのに水が少なかった。かなり涸れていてこの状態

↑ザンベジ川に太陽が沈んでいく。ボートからゆったりとマジックタイムを楽しもう

ZimbabWe Zambia

5 滝の際から大パノラマビュー！

　ちょっと怖かったけれど、行って良かったー。水量が少ない時期は、滝の際まで歩いて行き、ジンバブエ側をパノラマで見ることができるのだ。

　私が行ったのは6月で、まだそこそこ水量が多かったため、水の流れが強く怖かった。また、底が苔むしていて滑りやすいので、無理はしないで。

　しかし際まで行けば、ここまで来た人にしか見られない素晴らしい光景が待っている。カメラやスマホのパノラマ機能が大活躍の爽快な景色。行くなら虹が見られる午前中にすべき！

※ザンビア側の地図⑰⑱あたりで、ガイドさんに誘われるだろう。相場は分からず……。かなりふっかけてきたので、行く前に値段交渉をしておいたほうが良いと思う。
※9月頃、水がほとんどなくなると歩きやすい。
※水が少ない時期限定。

6 その他のアクティビティ

■リビングストン島とデビルスプール
Living Stone Is. & Devils Pool … ザンベジ川に浮かぶリビングストン島へボートで渡る。9月以降、水が減ると滝の際のデビルスプールまで行って泳ぐことができる。要予約。

■マイクロライト Microlight … エンジン付きのハングライダーのような小型機で空中散歩（安全上の理由からカメラは禁止。記念写真は購入可）。

■ラフティング White Water Rafting
ザンベジ川でラフティング。かなりの急流でボートから投げ飛ばされることもあるので、体力と度胸がある人向け。水量が多い時は中止。ゆったり川下りができるカヌーは、初心者でも大丈夫。

■バンジージャンプ Bungee Jump
ビクトリアフォールズ橋から高さ111mのジャンプ。勇気がある人はどうぞ。

↑ザンビア側のレインボーフォールの際から。ここに行くには必ずガイド同行

47

見逃さないで！ Choco's 絶景の瞬間を抑えよう

その1 せっかくだから、虹を見たい

虹が見られる条件をもとに、時間とベストポジションの目星をつけて、4日間虹を追いかけてみた。結果は50頁。季節によって太陽の角度や水量は違うので、おおよその目安として挑戦してみて！

▶午前中はザンビア
▶午後はジンバブエ

というコースで回ると、虹がきれいに見られるチャンスは多い。朝、最初に虹が見え始めるのはザンビア側の⑰⑱。その後、西のほうの⑲⑳でも見えてくる。

午後の虹はジンバブエ。まず先に見られるのは①②で、その後メインフォール、ホースシューフォールなど東側でも見えてくる。虹は陽が落ちるほど高く大きく見られるようになるが、②は木が影を作るので、やがて見えなくなってしまう。
※午後にザンビアなら、メインフォールに背を向け、イースタンカタラクトあたりに見られる。

その2 満月の夜限定 夜の虹を堪能 月1チャンス♪

月明かりで夜の滝に虹が幻想的に浮かび上がる——。満月の夜とその前後3日間だけしか楽しめない絶景。それがルナレインボーだ。

私のお勧めはザンビア側。ジンバブエはガイド必須のため、ゆっくり見て歩けないし、参加者の懐中電灯が邪魔になりがちだった。ザンビアは個人で回れて、見晴らしも良くて見やすい。

まず⑱で見え始めるので、多くの人がここに集まるが、ここは町の明かりが邪魔してイマイチ。⑲〜⑳がベストポジションなので、人が少ないうちにここに来ればゆっくり写真が撮れる。
※もっとこだわってスーパームーンを狙う⁉
→217頁参照。

↑満月の夜に見られるルナレインボー Lunar Rainbow。ムーンボウ Moonbow とも呼ばれる。⑲から。

ZimbabWe Zambia

絶景見るなら起きろーー！
その 3　早起きして滝でサンライズ

水煙が朝陽や夕陽でオレンジ色に染まる瞬間。み、見たい！——そこで日の出、日の入りと開園時間、1.7 km続く滝のベストビューポイントを調べてみた。下表のオレンジ色の頃なら見られそう。

▶ **朝陽はジンバブエ側**で、ほとんどの人が見ていないヒミツの絶景だ。実際日の出の瞬間、ここにいたのは私だけだった。その場所は⑬。まだ暗い滝に差し込む太陽が水煙を赤く染め、幻想的な美しさ。日の出5分後、東端の⑮へ。ここもまた素晴らしい眺め。そして水煙がスクリーンを作っている⑪で、ハロ現象のような、太陽を囲む丸い虹が見られた。
※水量が減ってくると水煙が上がらないので、水が多い頃限定の絶景だ。

↑⑬のホースシューフォールから。朝は風が穏やかで水煙があまり吹き付けないため、落ち着いて見られる

※⑬は入り口から約1 km。開園前に行き、一番に並んで、入場後即向かおう。

▶ **夕陽はザンビア**。陽が落ち始める頃は⑳から。その後徐々に東側（入り口側）に移動すると、オレンジに染まる滝が見られるし、閉園に間に合うだろう。
※朝夕とも暗いので移動はタクシーで。

＜日の出、日の入り時間＞ オレンジ色の時期は間に合いそう。無理はしないで！

	開園時間	日の出	日の入り
2月	6：00 ～ 18：00	6：03 ～ 6：15	18：42 ～ 18：56
3月	6：00 ～ 18：00	6：15 ～ 6：22	18：18 ～ 18：41
4月	6：00 ～ 18：00	6：23 ～ 6：30	17：57 ～ 18：17
※5月	6：00 (30) ～ 18：00	6：30 ～ 6：40	17：48 ～ 17：56
6月	6：30 ～ 18：00	6：41 ～ 6：48	17：48 ～ 17：52
7月	6：30 ～ 18：00	6：48 ～ 6：43	17：52 ～ 18：02
8月	6：30 ～ 18：00	6：43 ～ 6：24	18：02 ～ 18：09
※9月	6：00 ～ 18：00	6：23 ～ 5：59	18：09 ～ 18：14

（水量 多い→少ない）

※5月15日から開園時間が変わり6：30開園。9月1日から再び6：00開園。
※2月～6月までは徐々に日の出が遅くなる（日が短くなる）が、7月頃から逆転して早くなる。
※表は2020年の日の出日の入り時刻。目安に。

② 13時半、まだ虹は低かったが、15時に再び行くと、高く大きく見られた。ここは階段があって、少し滝の下に下りられる

⑧ メインフォールに虹が掛かったのは14時半頃。出始めは写真右側の木々に隠れ気味。この写真上は15時半頃

虹はいつ、どこで見られるの？

夕陽はこっち

虹は午後が良い

ジンバブエ

②
⑧

⑭ デンジャーポイントで立派な虹が見られたのは16時頃。ここは水が涸れやすいので、大きな虹が見られるのは水量が多い頃に限る

夕陽、朝陽を見るならどこ？

↑スタッフに連れられ、しかも暗かったので場所が分からず。たぶん⑭あたりから

朝夕に水煙が太陽を覆うと丸い虹(?)が見られる

⑮ 東端は柵がないので気をつけて！でもこの景色。朝6時50分

⑬ 国立公園スタッフもお勧めの朝陽ビューポイント。水量が多く水煙が上がる季節がベスト。朝6時45分

50

Zimbabwe Zambia

⑰ 朝、最初に虹が見られるのはここ。7時20分。太陽が低いうちがお勧め

★ ガイドさんにレインボーフォールの際に連れて行ってもらうとこの景色！虹が見られる午前中がおすすめ

東はこっち

虹は午前が良い
ザンビア

⑳ 朝7時50分頃にはナイフスエッジで大きな円が！太陽が昇ってくると虹は下に掛かる

⑲〜⑳ この通りは見晴らしが良く、大きなルナレインボーが見られた。月が低めの早い時間が良い

ルナレインボーのベストビューポイントは？

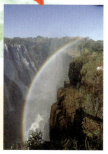

⑲ 午後のザンビアではメインフォールに背を向けるとイースタンカタラクトに虹が見られる。ナイフスブリッジにも虹が掛かる

⑲〜⑳ 夕陽はナイフスエッジで夕焼けを楽しみ、出口に向かいながら滝を見ていくと、オレンジに染まる滝が見られる

※地図内の数字は44頁の地図の数字と同じ。
※検証したのは太陽が低めの冬。6月16日〜18日、7月3日。

観光シーズンと服装　※雨によるので、水量は目安

滝の光景は水量で迫力が変わってくる。しかし単純にビクトリアフォールズが雨季だと水量が多いわけではない。水源地から滝に流れ着くまでのタイムラグがあるので、雨季の終わりの3月中旬頃から乾季の初めに水量が多くなる。当然滝の迫力は増し、土砂降り状態。これはこれで楽しいけれど、滝が見えないほどの所もある。レインコートは必須だ。レンタルできるが、100均でいいので持って行くといいだろう。

▶カメラも濡れないように注意が必要だ。レインカバーがあると重宝する。

▶水量がちょうどいいのは6月～8月。9月になると水はかなり減り始め、10月にはちょっと淋しい光景になる。特にザンビア側は岩がむき出しになる所もでてくる。この頃、ザンビア側での虹はあまり期待できない。しかし水が少ないときは滝の下まで下りられる。また、この時期はリビングストン島（デビルスプール）へ行くこともできる。

▶雨は5月～9月はほとんど降らない。10月頃から降り出すため、12月～2月は少し水量が増す。

▶5月～8月、日中は過ごしやすい。しかし6月、7月は寒暖差が激しく、明け方は7℃ぐらいまで下がるので、朝陽を見に行くなら、暖かい服で。

▶最も暑いのは10月で34℃以上になる日もある。明け方でも15℃以上ある。

▶夜の虹、ルナレインボーが見られるのは満月を挟んで3日間のみ。曇り、雨天は中止。また、水量が少ないと虹は見られないので、見られる確率が高いのは4月から8月頃。

※ルナレインボーに行くときは懐中電灯と虫除けを忘れずに。

	1月	2月	3月	4月	5月
滝の水量	景色はグッド	景色はベスト	一部の場所ではズブ濡れ！		
水煙の高さ・迫力	水煙は高め			ヘリや遠方からでも、水煙が高く上がるのが見える	
降雨量	雨が降りがち			雨の日は少ない	
リビングストン島 デビルスプール	島に渡ることが可能（ツアーのみ）			水量が増える時期は、島に渡ることはできない	

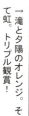

観光拠点と現地ツアーについて

観光の拠点：ジンバブエ側は**ビクトリアフォールズタウン**（180頁）、ザンビアは**リビングストン**（183頁）、ボツワナの**カサネ**（186頁）からも日帰りでOK。滝はツアーに参加しなくても、自由に見て回ることができる。

▶アクティビティ＊は現地の代理店で申し込めるが、リビングストン島訪問やヘリコプターなど人数が限られるものは、予約しておいたほうが確実だ。

▶ルナレインボーや朝陽、夕陽は暗い時間なのでタクシーを利用して歩かないこと。夜は野生どうぶつも活動しているので危険だ。

▶ルナレインボーの見学について
・ジンバブエは必ずガイドさん同行で、入場開始時間にゲートに集合。
・ザンビアは自由に歩ける。必ず明るい時間に一度歩いてロケーションを把握しておこう。懐中電灯必須。

▶ザンビア、ジンバブエの両国で滝を見る予定なら、KAZAビザを取得しておくと良い。（→28頁参照）

■国立公園開園時間
9/1〜5/14：06：00〜18：00
5/15〜8/31：06：30〜18：00
入場料：ジンバブエ＄30（ルナレインボーは＄40）、ザンビア＄20（ルナレインボーは＄25）
※入場料はドルを用意。ビザもドル払い。

→滝と夕陽のオレンジ。そして虹。トリプル観賞！

	6月	7月	8月	9月	10月	11月	12月
	景色はベスト			景色はグッド　水が減ってくる			
	水煙は高め				ザンビア側は涸れてくる　水煙は上がるが、低め		
	雨の日は少ない						
		島に渡ることが可能（ツアーのみ）　水が多いときは中止					
					ツアー催行はこの時期のみ。水量が多く危険なときは中止		

チョベ国立公園　　　　　　　　　　Chobe National Park

アフリカゾウの大軍団！その数アフリカ1、いやいや世界1　　　33頁地図 ②

どんなところ？

　川をはじめ、湿原地帯、氾濫原、チャネル（水路）、ヤブ地など様々な環境を抱く広大な国立公園。総面積は1万1,000km²以上。計算したら東京23区の約18倍だった！

　世界最大のアフリカゾウの生息地として名高く、その数は5万～10万頭と言われる（移動するため数は流動的）。南アフリカのクルーガーNPは1万9,480km²の広さを持つが、ゾウの生息数は約1万2000頭なので、その密度は圧倒的だ。

　もちろん他にもライオンやヒョウ、アフリカ水牛など様々などうぶつが暮らし、鳥は450種も観測されている。

↑リアルジャングルクルーズ！カサネの町から3時間のツアーが出ている

◇　　　◇　　　◇　　　◇

▶リバーフロント River Front

　広大な国立公園の中でも特に観光で人気なのが、チョベ川が流れるリバーフロント（セロンデラとも呼ばれる）。最寄りの町カサネや、隣国ジンバブエのビクトリアフォールズからでも日帰りで楽しめるというアクセスの良さで、しかも水を求めて様々などうぶつが集まっているため、多くのツアーがここを訪れる。

　対岸はカプリビストリップ Caprivi Strip と呼ばれる細長いエリアでナミビア共和国に属するが、もちろんゾウは国境など関係なく草を求めて両国を行き来している。ゲームドライブもボートサファリも、チョベNPはリバーフロントだけでほぼ満足といえるほど、充実したエリアだ。

▶サブティエリア Savuti Area

　リニャンティ川から分岐した水路、サブティチャネルが流れ、その先には湿原が形成されていた。しかし1980年代にボツワナを襲った大干ばつで干上がっている。2008年から水が戻りつつあったものの、2014年以降再び乾燥が続いているという。縮小したサブティ湿原の南は広大なオープングラスランドになっていて、どうぶつ達は人工のウォーターホールに集まってくる。

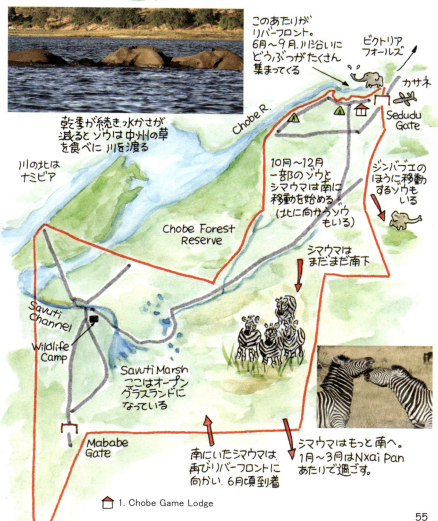

1. Chobe Game Lodge

チョベ NP で見られるどうぶつ

　チョベ NP はとにかく広大。短期間のツアーでは主にアクセスの良いリバーフロントでゲームドライブをする。しかしグラスランドが広がるサブティエリアも魅力的だ。ボートサファリで有名な国立公園だが、ボートでライオンが見られる確率は低いので、どうぶつを多く見たければゲームドライブは外せないだろう。

◇　　◇　　◇　　◇

▶**リバーフロント** River Front

　カサネの町に滞在するなら北東側のセドゥドゥゲートから入場し、ドライバーさんはまずチョベリバーに向かうだろう。ここはどうぶつ達のオアシス。特に大地が涸れてくる乾季には、貴重な水を求めて多くのどうぶつが集まってくる。**アフリカゾウ**はその主役的存在だ。「今まさに!」というタイミングだと、30頭から、ときには 100 頭もの大群が川に集まってくる。

　川沿いでは水場の生活者**ウォーターバック**や**アフリカ水牛**が、ほぼ確実に見られるだろう。**ワニ**が土手に上陸していることもある。ヤブ地の生活者**クドゥ**、**インパラ**や**イボイノシシ**なども水を求めてやってくる。運良く**キリン**が現れれば、長い首をゆっくりと下げて水を飲む珍しい光景が見られるかもしれない。

　セーブルアンテロープは森から滅多に出てこない稀少どうぶつ。私は密かに"森の妖精"と呼んでいるが、乾季はときどき姿を見せる。

　ライオンとの遭遇は稀ではない。暑い時間帯は木陰で休んでいるから、木の根元に注目していよう。

　ヒョウは、昼間は樹上で寝ていることが多いので、目線を上にして探そう。

↑野生のライオンがこの距離で窓無し!ライオンを驚かせるような大きな動きや大声は避けてね

↑木々の中からめったに出てこないセーブルは、葉が落ちる乾季(9 月～10 月初旬)が狙い目

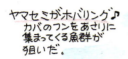

雨季（12月〜3月）には公園の南の方へ移動してしまうどうぶつもいるが、一方この頃は鳥が多く集まってきて、水辺はにぎやかになる。精悍な顔つきの**アフリカサンショクウミワシ**や**クラハシコウ**、**ヒメヤマセミ**など多くの水鳥が見られるだろう。

◇　　　◇　　　◇　　　◇

▶**サブティエリア** Savuti Area

チョベNPで連泊する余裕があるならば、サブティに足を伸ばしてみるのも良い。ここはLinyantiとMababe間を移動するシマウマの通り道だ。たいたい4月〜5月に通る。

近年干上がった湿原地帯は開けた草原になっていて、川沿いは低木が茂るブッシュランドだ。俊足が武器のチーターは障害物が少ない開けた草原を好むので、このあたりで見られるかもしれない。インパラ、シマウマ、ヌー、ササビーなども草原の生活者。一方グレータークドゥやローンアンテロープ、セーブルアンテロープはヤブ地を好んで生活している。

Savuti Marshの南のMarabou Pansは大所帯で有名なサブティのライオン家族Marsh Prideのテリトリー。水場近くが狙い目。

珍しい所ではなかなか姿を現さず、私も27年間見たことがなかったラーテルを、1日に3匹も見ることができた。

Savuti Marshの北のレオパードヒル Leopard Hillではしばしばヒョウが目撃されているので、同乗者一丸となって探そう。ドライバーさんもここでは車をジリジリとゆっくり動かしてくれるだろう。インパラのアラームコール（警戒音）や足跡も発見の頼りだ。

Choco's カサネのロッジやビクトリアフォールズ出発のゲームドライブなら、セドゥドゥゲートから入場して、まずチョベ川へ向かうことが多いので、ここだけの話、車の席は右側がいいと思う。（違うコースもありえるので、ハズレたらスマン！）

↑カバがいる泉で車を降りてワイン片手にサンセット観賞。ツアーによりサービス内容も様々

チョベ国立公園のお楽しみ

⭐1 ボートクルーズでゾウの川渡り

　ボートクルーズは世界中どこへ行っても魅力的だが、チョベ NP のクルーズは、ただの景色や夕陽だけでは終わらない。ボートでチョベリバーに繰り出せばアフリカゾウや獰猛なナイルワニ、カバの群れなどに次々と遭遇するという、リアルジャングルクルーズなのだ。

　中でも最大の見所はゾウの川渡り。ゾウは夜間はヤブ地で過ごし、昼間は湿原や草原で草を食べて過ごしている。そのため午前のクルーズでは川に向かってくるゾウ、夕方はヤブ地に帰っていくゾウが見られるだろう。特に乾季は川の水位が下がるため、ゾウが川を渡って緑豊富な中州まで移動する可能性が高い。

　川には水を飲みにウォーターバックやグレータークドゥ、インパラなどもやってきているだろう。水辺で生活するオオトカゲもよく出没する。カワセミなどの鳥も多く、運が良ければサンショクウミワシが 5kg もある大きな魚を捕らえて飛んでいく瞬間が見られるかもしれない。鳥は雨季のほうが多い。

　ボートのタイプは 2 階建ての大型船や 10 人乗り程度の小型ボートなど、主催会社によって様々。小型のボートはゾウを見上げる目線になり、迫力が増すが、途中で席の移動はできないだろう。もちろん全員が見られるように、ボートをUターンさせるなど、うまく操縦してくれる。小回りが利くのが利点だ。

　大型船だと甲板を自由に歩いてカメラアングルが狙えるのが利点。2 階建ては見晴らしも良い。ボートのタイプにもこだわるならば、船のサイズを確認してから申し込もう。

↑川はそこそこの深さ。体の小さな子ゾウは、鼻先だけを川面に出して息をしている

↑車でのゲームドライブよりも、カバやワニに接近できる。"相棒"の水鳥達にも注目

観光シーズンと服装

▶通年楽しめるが、リバーフロントのベストは6月中旬〜9月。チョベリバーは乾季でも涸れないため、貴重な水を求めて多くのどうぶつが川辺に集まってくるのがこの頃だ。

▶雨季になると一部のゾウやシマウマが移動してしまう（すべてが移動するわけではない）。また、通行不可の場所もでてくる。しかし、この頃はバードウォッチングをするには良い季節。水鳥達がたくさんやってきて、水辺がにぎやかだ。

▶サブティは乾季の始めのまだ緑が残る頃から良い。5月〜6月はウォーターホールで、どうぶつが鏡のように反射して映るのが見られる確率が高い。7月になると風が吹き波が立ってしまうが、一方枯れた葉が風で落ちるため見晴らしが良くなり、どうぶつを見つけやすい。

▶日中の平均気温は、乾季（冬）の6月〜7月が1年で最も低い時期で、30℃を超えることは少なく、過ごしやすい。しかし明け方は8℃ぐらいまで下がるので、朝夕のドライブには暖かいジャケット、できれば毛糸の帽子も欲しいぐらい。

▶最も暑いのは10月頃。35℃以上になることもある。明け方でも18℃までしか下がらないが、ゲームドライブの車は窓がないので、朝夕の風を浴びていると肌寒く感じるかもしれない。

風が少なく水面に波が立たない時期は、まるで鏡のよう

	1月	2月	3月	4月	5月
雨季・乾季	雨季				乾季
日中の暑さ	日中は暑い →→ だんだん過ごしやすくなってくる				
どうぶつの動きなど	水鳥が増える 12月〜3月	雨で道が悪い どうぶつは少なめ カバはいるよ		サブティがGood 南北に移動するシマウマがサブティを通る頃	徐々にベストシーズン ツアー料金はまだ安め

Choco's

60

観光拠点と現地ツアーについて

観光の拠点：**カサネ**（186頁）、**ビクトリアフォールズタウン**（180頁）

　カサネの町から国立公園のゲートまでは車で約20分なので、割高な国立公園内のロッジに泊まらず、町に宿泊する人も多い。ゲームドライブやボートサファリの申し込みは、ロッジ内に構えたツアー会社で可能だ。ゲームドライブ、ボートサファリともに所要時間は3時間ぐらい。ゲームドライブは＄35＋入場料、ボートは＄28ぐらいと、チョベのサファリはコスパ良し！

▶国立公園内に宿泊すればゲームドライブはより充実するし、川沿いのロッジならきっとどうぶつが現れるだろう。リバーフロントだけでなくサブティまで足を伸ばすと、ワイルドドッグやチーターに会える確率も上がる。

▶拠点を隣国ジンバブエのビクトリアフォールズタウンにして、日帰りのチョベNPツアーを利用する人も多い。フルデイでゲームドライブとボートサファリの両方が楽しめるスケジュールだ。もちろん宿泊ツアーもビクトリアフォールズタウンから発着あり。（KAZAビザは日帰りのみ有効）

▶暑い時間、どうぶつは川に集まってくるので、チョベNPでは早朝より午後のゲームドライブの方がいいかも。

▶ゾウが川渡りをするのは主に夕方の陽が暮れる前。運にもよるが、ボートサファリは午後15時頃発がいいだろう。サンセットもボートの上で楽しめる。

※ビクトリアフォールズの国境からチョベNPまでは車で1時間弱。ジンバブエ出発の日帰りツアーなら国境を越えた所でサファリカーに乗り換えるが、窓がないので冬は上着を。

※国境を越えるのでパスポートを忘れずに。

6月	7月	8月	9月	10月	11月	12月
6月～10月初頃はベストシーズン！どうぶつも見やすい							
過ごしやすいが、明け方は冷える	だんだん暑くなってくる	カラッと暑い				

オカバンゴデルタ

世界自然遺産 Okavango Delta

アフリカ大陸最大の内陸デルタを体感せよ
33 頁地図 ③

どんなところ？

記念すべきジャスト1000番目の世界遺産。それがここオカバンゴデルタだ。2014年、世界自然遺産に登録された。

観光のベストシーズンは、豊かな雨で湿原が潤う頃。それなら雨季？……かと思えば、乾季の頃が良いシーズン。ちょっとややこしいけれど、デルタの水源は遥か遠く離れたアンゴラ高原なのだ。アンゴラで降った雨が長い時間をかけてじわじわとオカバンゴデルタへと流れ着く頃、一帯は乾季を迎えているという訳。水が貴重になる乾季のため、周辺のどうぶつ達は水で満たされたデルタに集まってくる。ベストシーズン到来だ。

ゲームドライブに限らず、モコロ（カヌー）やボートサファリ、ウォーキングサファリなど、自然を満喫する様々なアクティビティを楽しむことができる。

▶**モレミ野生動物保護区**
Moremi Game Reserve
右地図の赤い線で囲んだエリアは、自然、野生どうぶつの保護区に指定されている。

▶**チーフアイランド** Chief's Island
デルタに浮かぶ最も大きな島で、南北に70km。モレミ GR 内で、まさにデルタの中心部。アクセスは小型機かボート。

→ライオンはほぼどこでも見られる。できれば写真映えする朝陽、夕陽の頃の登場が嬉しい。朝夕のゲームドライブは外せない！

▶**モレミ GR の中心から北部**
小型機だけでなくモバイルサファリ＊もリーズナブルに回れるので人気だ。どうぶつの密度も高く、ライオン、ヒョウ、チーター、ワイルドドッグなどの肉食獣も生息するエリア。

▶**クワイコンセッション** Khwai Concession
チョベ NP に接する東のエリア。クワイ地区の管轄で、オフロードやナイトドライブができるため、通なサファリファンが集まる。

▶**モレミ GR の南側エリア**
保護区の外だが柵は無いので、野生どうぶつは自由に行き来をしている。しかしどうぶつはやや北に多いので、ここを訪れるならベストシーズンを逃さない日程にしよう。モコロで島に渡ってブッシュキャンプも楽しめる。

Botswana

遠くアンゴラ高原で、10月頃 雨が降り始める。
ピークは1〜2月、4月まで雨季は続く

Cubango R.

Cuito R.

←雨は支流を流れ、オカバンゴ川に合流

Caprivi Strip

Namibia

Okavango R.

約1200kmの旅をして、
雨はデルタに流れていく

河口に到達するのは
4月終頃

Linyanti
Swamp

水が豊かな5月〜10月
上旬、一帯は乾季の
ため、多くのどうぶつ
が水を求めてデルタ
に集まってくる

6月頃〜、デルタは水で溢れ、
サファリシーズン到来。

Camp
Okavango

Khwai
River
Lodge

チョベNP

Gumare □

チーフ島
Chief's Is.

Camp
Moremi

Nokaneng □

South
Gate

水は海には流れ出ないが
砂漠に吸収され、蒸発し、
9月頃には減り始める。
一方、10月になると
雨が降り始める

Pom Pom
Camp

Gunn's
Camp

□ Shorobe

南はカラハリ砂漠。乾季、
デルタはどうぶつのオアシスだ。

マウン
Maun

Old Bridge
Backpackers

63

オカバンゴデルタで見られるどうぶつ

モコロで人気の所だが、ここはアフリカ大陸でも特に野生どうぶつが多いサファリの聖地。ゲームドライブも外せない！

▶湿原地帯

ワニ、カバの生息エリア。もちろん様々などうぶつが水を求めてやってくる。注目はオカバンゴデルタからチョベNPの川沿いにしか生息しないリーチェだ。先端が左右に広がった特徴的なヒヅメで、水中に茂るパピルス（葦）の上を歩けるため、水しぶきをあげながら走る姿はオカバンゴを語るのに外せない光景。

アフリカゾウの生息数も多く、大きな群れで見られる。ウォーターバックやバッファロー、リードバックなど多くのどうぶつが集まるので、ゲームドライブだけでなく、ボートやモコロも楽しい。

▶フォレストエリア

湿原の潤沢な水で背の高い木々が茂るエリアは、ヒョウの生息域。チャクマヒヒやブッシュバックなども暮らしており、運が良ければ珍しいセーブルアンテロープ、ローンアンテロープにも会えるかも。

▶ブッシュランド

2mほどの背の低い木々が生えるエリア。グレータークドゥやインパラ、イボイノシシ、バッファローなどが見られる。暑い時間はライオンが木陰で休んでいることもある。草原との際のあたりでは、狩りをする猛禽類の数も少なくない。目が良いガイドさんならフクロウを見つけてくれるかも。また、キリンが好むのもこのエリアから草原にかけて。

▶グラスランド

やや開けていて見晴らしが良い所（潅木が点在する）では、シマウマ、インパラ、ササビー、ヌー、イボイノシシなどの草食獣やライオン、運が良ければワイルドドッグの群れにも会えるかも。

↑オカバンゴの写真に水しぶきは外せない

↑モレミGRの外ならオフロードもOK。保護区内よりかえってラッキーなこともある

オカバンゴデルタのお楽しみ

⭐ 1 デルタをどっぷり感じる幸せ

　アフリカの中でも特に手付かずの自然を大切に残してきたボツワナなのだから、最大限に秘境を満喫しよう。それがアンチ近代文明"モコロ（カヌー）"！昔からオカバンゴで生活する人々にとってモコロは日常的な交通手段だ。小さな子供がやすやすとポールを操り、大湿原を移動していく。もちろんモーターはなく手漕ぎ。でも私達はポーラーと呼ばれる漕ぎ手がついてくれるので、のんびりと揺られていればいいだけだ。カバやゾウとの遭遇もあり。心地良い水の音しか聞こえない静寂。時折サンショクウミワシのさえずりが響く。澄み切った空気。腰を深く落として大空を仰ぐ。日本の騒々しい生活なんてまるで思い出せなくなる。ぜいたくなアフリカ時間がモコロと共に流れていく。しあわせ♪

⭐ 2 大地を歩けば アフリカ体感度大幅アップ！

　「ここにはデンジャラスなどうぶつはいないから大丈夫だよ」と言うガイドさんの案内で散歩するウォーキングサファリ。しかし、目ざとい私は見つけてしまった、↓コレ。

たぶん、一応安全な(;^_^A　ウォーキングサファリは、大地を踏みしめ自分の足で歩きながら、どうぶつ達に出会うことができる貴重な体験だ。シマウマやリーチェ、ササビーだけでなく、アフリカゾウと遭遇することだってある。足元の小さな花やどうぶつの足跡、巣穴や糞まで、ガイドさんの知識は豊富で、ゲームドライブでは見えない小さな新しい発見がたくさんあるだろう。

↑モコロはサンセットの頃がおすすめ。朝は鳥が元気！川沿いにゾウがやってくることもある

↑こんなハプニングが起きるかも!?　ウォーキングサファリも楽しい

⭐3 よっしゃ！無人島キャンプだ

ケニアからケープタウンまで60日に及ぶオーバーランドツアー*で、参加者26人全員が一番楽しみにしていたのが、このブッシュキャンプの4日間だった。

水もシャワーもなし。トイレは地面に掘った穴。朝はウォーキングサファリに出かけて、昼はオカバンゴの風を感じながらシエスタ。アフリカゾウが心地良い眠りを邪魔しにやってくる。午後は夕陽を堪能しにモコロで出発。陽が落ちたら焚き火を囲んで野外料理を楽しみながらビールで乾杯。見上げればクラクラするほどの星の量に圧倒されてアフリカの夜に酔いしれる。これこそオカバンゴデルタ！自然を求めて遠くアフリカまで繰り出しながらどうして人工的なロッジ？ブッシュキャンプはアフリカの大自然を全身で体感できるアクティビティだ。

↑たまにはこんな夜も。キャンプせずに真のアフリカは語れない！！

⭐ 4 ナイトサファリのチャンス

野生どうぶつが本来の姿を見せるのは陽が沈んでから。
「ホーーーウ、ホウッ」とハイエナが仲間に呼びかける声が暗闇に響き、ワイルドドッグも群れで元気に走り回る、湿原がにぎわい出す。

もし参加したツアーの宿泊地がモレミGRの外であっても、ガックリすることは全然ない。かえってラッキーかも。保護区の外は日没後もゲームドライブを楽しめるのだ。

夕方のゲームドライブからぶっ通しでのナイトドライブだった。1日中探しても見られず、あきらめかけていたヒョウが暗がりに登場し、みんな大興奮！夜見るとなぜかカッコいい！

昼間はほぼ姿を見せない夜行性どうぶつにも会えるのが、ナイトドライブの魅力だ。

⭐ 5 やっほー♪ 空からオカバンゴ！

小型機でロッジへ向かうときもカメラのスタンバイをお忘れなく！

眼下にはアフリカゾウやシマウマ、ヌー、バッファローなど数々のどうぶつの群れが見られるだろう。ガイドさんの案内はないので、しっかり自分で探すこと。背が高いキリンも高くから見おろし、巨体のゾウすら小さく見える。水場ではカバの姿や、モコロに興じる人々の姿も。車での探索も楽しいが、空から見ると、オカバンゴデルタがジオラマのように見えてくる。

モバイルサファリだと車移動のため小型機は利用しない。空からのオカバンゴを体験したければ、マウンから45分間のScenic Flightがある。料金は高いがヘリコプターならドアがなく視界は抜群。
※小型機は窓ガラスが反射するのでPLフィルターがあると尚良いかも

↑昼間は見られなったヒョウが出現。カメラのホワイトバランスは電球モードにして、ISO感度を上げておこう

↑小型機は意外と揺れるので、カメラの感度を少し上げて高速シャッターを切れるようにしておくと良いかも

観光シーズンと服装

▶ オカバンゴデルタの河口に水が到達するのは4月終頃。徐々にオカバンゴ全体に水が行き渡り、だいたい5月下旬から良いシーズンが始まる。

この頃は気候も穏やかで過ごしやすいが、6月、7月の明け方はかなり冷え込む。しかし乾季のため雨はほとんど降らず、サファリには良い頃だ。9月頃から徐々に暑くなってきて、最も暑くなる10月は35℃まで上がる。

▶ ゲームドライブがベストとなるのは6月中旬から9月終頃。北部や東のクワイコンセッションではライオン、ヒョウとの遭遇も稀ではなく、レアなワイルドドッグも繁殖と子育てシーズンのため、目撃率が高い。この頃は水かさも増していて、どのエリアでもモコロを楽しむことができる。

▶ 10月中旬ぐらいから雨が降り出し、乾季と雨季の間である11月は降ったり降らなかったり、晴れていたのに、いきなりゲリラ豪雨に見舞われたりと先が読めない天候だ。

雨季（12月〜3月）になると緑が豊かになり、バードウォッチングのシーズンだ。生き生きとした緑がフォトジェニックな季節で、どうぶつの赤ちゃんが誕生する頃。ただし、多くのどうぶつが湿原の奥地や南の方へと移動してしまい、足場も悪く、閉鎖されるロッジ、通行止め箇所もでてくる。

▶ 50年間オカバンゴを見続けたガイドの翁曰く、野生どうぶつが見たければ、「北へ行きなさい。7月に行きなさい」とのこと。ご参考に！

※2019年は水が少なかった。季節は目安に。

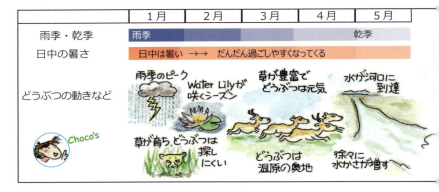

観光拠点と現地ツアーについて

観光の拠点：**マウン**（188頁）

　ツアーの内容は様々なので、何に重点を置くかじっくり考えて計画を立てよう。

▶どうぶつを見るのがメインの目的なら、モレミGRの北や東を訪れるツアーが良いだろう。マウンから小型機で飛び、ロッジ主催のゲームドライブ、ボート、ウォーキングなどのアクティビティを楽しめる。

▶予算を抑えるなら車でもOK。モバイルサファリ*はリーズナブルで人気だ。移動中もずーっとゲームドライブができるのが車で行くメリット。

▶モバイルサファリ*で行くなら、マウンを出発し、まずモレミGRの中心部を訪れ、ゲームドライブをしながらクワイコンセッションを目指し、さらにチョベNPのサブティを楽しみながらリバーフロントまでゲームドライブを続け、カサネで解散という、サファリ好きにはとことん贅沢なコースがある。所要日数8日〜11日。コストは小型機で行くロッジ泊の1/2〜1/3ぐらい。

▶ブッシュキャンプをするならモレミGRの南側が人気だ。アクセスは車ではなくモコロ。無人島ではウォーキングも楽しめる。ゲームドライブもしたければ、別途マウン発のデイツアーを追加すると良いだろう。

▶最安値で楽しむならマウンに滞在し、デイツアーでモコロやゲームドライブに参加する方法だろう。フルデイでボート＋ウォーキングなどもある。ただし最低2人〜4人必要。

▶ Scenic Flight はマウン空港出発。
※モコロのポーラーさんにチップを忘れずに。

マカディカディパン

Makgadikgadi Pans

360度地平線しか見えない。しかも大地は真っ白！

33頁地図 ④

どんなところ？

パンとは、直訳すると"塩原""塩湖"のこと。アルカリ性の湖が干上がって、見渡す限り白い大地が広がっている状態だ。南米のウユニ湖のような所といえば分かりやすいだろうか。

塩湖周辺の緑が茂る地域にはシマウマやヌーが生息していたり、雨の季節にはフラミンゴがやってくるなど、アフリカならではの塩原だ。

かつてここにはアフリカ1大きな湖、マカディカディ塩湖があった。それが長い年月を経て干上がり、ナイパン、ソワパンなどが浮き上がった。これらのパンは合わせてマカディカディパンズと呼ばれている。全て合わせるとウユニ湖より大きい。

広大なパンの一部は幹線道路を境に、北はナイパンNP、南はマカディカディ

→星空の下にマットレスを敷いて、今夜はここで寝る！

パンNPに指定されている。そしてソワパンの北東部には野鳥が集まるナタバードサンクチュアリがある。乾ききったパンが雨で覆われる雨季、特に2月頃には何万羽ものコフラミンゴ Lesser Flamingo が繁殖のためにやってくる。

パンには1800年代、ヨーロッパの探検家達が、この広大な塩原を突破した時に道しるべとしたバオバブの木が、今もなお生き続けている。グリーンズバオバブとチャップマンバオバブと名づけられた、推定1000歳を超える長老達だ。

↑360度この景色。真っ白い塩の大地が広がる

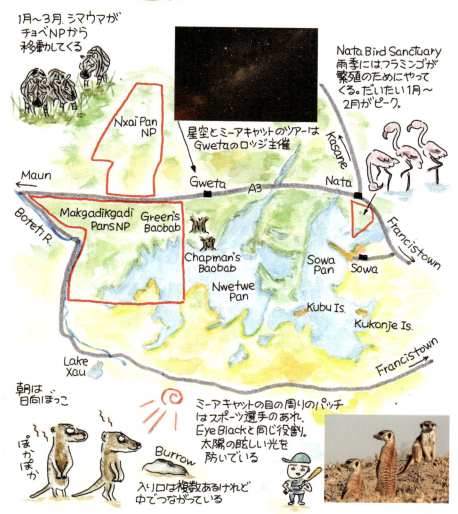

マカディカディパンのお楽しみ

★1 見上げれば満天！よーし、野宿だ♪

360度見渡す限り真っ白なソルトパン。この白い大地にマットレスを敷いて、星空を眺めながら眠る……アフリカでしかできないこの上ない贅沢！

ツアーは午後出発。ミーアキャットを見に行ったあと（右欄参照）、車を降りて白いパン*を散歩しながらサンセットを楽しみ、日が沈んだら満天の下、ランタンの灯でディナーだ。町は遠く、人工物はまったくなし。暗い夜空には数え切れないほどの星、星、星☆ ☆！ミルキーウェイもくっきり。7月7日に来れば良かった。

今夜はテントもなし。ブランケットに包まれて満天を眺めていると、流れ星！願い事、間に合わなかったー。でも、大丈夫。またきっと流れるから。

★2 激かわ！ミーアキャットに大接近

ミーアキャットに会えるのは、パンの中央部 Nwetwe Pan。砂漠を訪れるサファリでも見られることはあるが、車からだと、ちっさー。でもここでは車を降りて大接近。ただし3mまで。野生だからね。それが大自然。

巣穴からでてきて立ち上がり、お馴染みのポーズをとったり、地面を超高速で掘ったり、頭をかいたり etc..。立ち上がってあたりを警戒している割には人間の存在は気にしていない様子。大きなオッサンまで夢中でシャッターを切りまくる愛らしさだ。

※人慣れしていて、肩や頭に乗ってくるミーアキャットに会いに行くツアーもある。ただしミーアキャットはペットではなく、野生どうぶつだということをお忘れなく。

↑この星空をふたり占め〜♪ "何もない"という贅沢の価値を実感。体験してみて！

↑太陽に向いて立ち上がり日向ぼっこ。お馴染のポーズで癒してくれる

観光シーズンと服装

　星空の下で寝るツアー（ミーアキャット込み）はパンが乾いている時期のみで、6月中旬から10月に催行。この頃は冬。毛布は暖かいが、むき出しの頭が冷えるので、毛糸の帽子があると良い。ミーアキャットのみのデイツアーはそれ以外の時期でもやっているが、雨に左右されるので、催行状況は要問合せ。

　野生どうぶつを見に行くフルデイツアーもあり、Nxai Pan などを訪れる。

　雨季に行くなら Nata Bird Sanctuary に足を伸ばせば、ちょうどフラミンゴが見られ頃だ。Nata にあるロッジが主催しているバードウォッチングツアーに参加しよう。バードウォッチングのベストシーズンは1月〜2月。

Gweta Lodge はバスランクから歩けるので安心だった。テントサイトあり。近くに小さなスーパーもある。

 観光拠点と現地ツアーについて

観光の拠点：**グウェタ**

　星空とミーアキャットのツアーはグウェタ Gweta にあるロッジが主催している。グウェタへはマウンから長距離バスで 2.5 時間。カサネからならフランシスタウン行きに乗り、ナタ Nata で乗り換え。ナタまでは 3 時間。ナタからグウェタまでは 1.5 時間。午後はバスの便が減るので、早朝から行動したほうがいい。（→185頁バスルート参照）

▶ Gweta Lodge はグウェタのバスランクから歩いて1分でリーズナブル。バスランクの横に小さなスーパーもあり、宿泊施設も快適だった。

▶日本人旅行者に知られているロッジ Planet Baobab は、グウェタの約5km東に位置する。ここのツアーで行くミーアキャットは人慣れしているが、あくまで野生ということは念頭に。クワッドバイクもあり。

　いずれのロッジも4ヶ月前に問い合わせたところ、週末はスタンダードルームが埋まっていた。ピーク時は早めに予約したほうがいいだろう。

■ Gweta Lodge
Ⓤ http://gwetalodge.co.za/
※マウンのバス乗り場は189頁地図A
※カサネのバスの場は187頁地図A

ナミブ砂漠（ナミブ ナウクルフト国立公園） Namib-Naukluft National Park

かの有名な！あの砂漠は異次元のような砂の惑星

世界自然遺産　33頁地図 ⑤

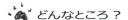　どんなところ？

多くの人が思い浮かべるナミブ砂漠の光景はたぶん、オレンジ色に染まる砂丘や、世界の絶景としてテレビでも紹介された、枯れたミイラのような木が生える白い大地だろう。

しかしナミブ砂漠に行こうと思い立ち、地図やガイドブックを広げてみたものの、広すぎて漠然としていて、イマイチつかめないのではないだろうか。

↑有名なこの景色が"デューン45"の砂丘

ナミブ砂漠の全形は、南部アフリカの西海岸沿いに縦長に広がる、とてつもなく広大な砂だらけの世界だ。北はアンゴラから、南の端は南アフリカ共和国の国境まで続き、その距離1200km以上。幅は最大160kmに広がっている。左地図の黄色い部分がすべて砂漠地帯だ。そしてその一部が**ナミブ ナウクルフト国立公園**に指定されている（緑の部分）。国立公園の面積は約50,000k㎡。ここだけでも東京23区の80倍の広さだ。

私達が知るあの光景は、国立公園の中でも特に人気が高い見所、**デューン45** Dune 45 と、枯れた大地**デッドフレイ** Dead Vlei だ。ナミブ砂漠を訪れる観光客の多くがこの2つの見所を目指して、セスリエムに集まってくる。

ナミブ砂漠は世界で最も古くにできた砂漠として知られ、およそ8000万年前に誕生したと言われている。

砂漠の起源は遠く離れたドラケンスバーグ山脈。ここを源流とするオレンジ川に流される石や砂が、長い年月をかけて旅をして、南大西洋まで流れ着き、それがベンゲラ海流によって北に運ばれ、沿岸部に堆積される。そして海沿いの強い風で再び内陸へと運ばれてでき上がったのが、この広大な砂漠地帯だ。

朝陽や夕陽に赤く染まる光景が魅力的なナミブ砂漠だが、この色は砂漠が形成される長い過程で、砂に付着した鉄分が酸化して染まったものだ。そのため海沿いの砂はまだ若くて濃いオレンジ色には染まっておらず、内陸部に行くと赤が濃くなっている。

朝はサンライズ、昼間は砂丘に登って"砂の惑星"を体感し、サンセットを堪能した後は満天に酔いしれる。丸々1日感動の連続なのがナミブ砂漠だ。

2013年にこの砂漠は"ナミブ砂海"として世界自然遺産に登録された。

→海岸沿いの砂丘。
Dorob National Park

→内陸部の砂丘。
Namib-Naukluft National Park

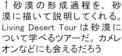

↑砂漠の形成過程を、砂漠に描いて説明してくれる。Living Desert Tourは砂漠について学べるツアーだ。カメレオンなどにも会えるだろう

ナミブ砂漠のお楽しみ

⭐ 1 一生忘れられないサンライズ

ナミブ砂漠のハイライトは、1日の始まりから早々にやってくる。サンライズ、ご来光だ。

朝5時前に起床して、暗い砂漠を車で走り抜け、砂丘を目指す。デューン45はメインゲートから45キロ地点にそびえる砂丘だ。砂丘のふもとで車を降り、ここから高さ100m以上を登り、太陽がアフリカの向こう側からやってくるのをてっぺんで待つのだ。黒い闇が徐々に白み始める。世界中から集まってきた人達が同じ感動を今か今かと待ちわびる。

きたー！！"今日"が始まる瞬間からいきなりクライマックスだ。

砂丘を下りてふもとで朝食、なんて人達も多い。ちょうど太陽の暖かさがありがたく感じる頃。そして砂漠の灼熱地獄の始まりだ。夕陽もまた絶景。

↑ Three, two, one 出た〜!!

↑デューン45の頂上からの景色。朝陽を見たら、下で朝食！気持ち良いよ〜♪

★2 異次元のような絶景
デッドフレイ と ソススフレイ

デューン45から更に奥地へと進み、ゲートから約60km地点の駐車場で一旦車を下車。ここから先は道が悪いため、四駆車でない人は送迎車に乗り換え（有料）、更に5kmほど進むと、ついにナミブ砂漠の"メイン会場"に到着だ。

南にそびえる巨大な砂丘が通称"ビッグダディ"。そしてその谷底部分にあたるのが絶景で知られるデッドフレイだ。"死の沼"の名のとおり涸れ果てた沼地で、完全に干上がってミイラのようになった木々が、ポツポツと悲しげに立っている。微生物も生きられない過酷な環境のため、何百年も前に枯れた木が腐らずに残っているのだという。高さ300mを超えるビッグダディ（風により高さに変動あり）に登れば、白く干上がったデッドフレイがポッカリと砂漠に浮かぶ光景を見渡せる。

上：ビッグダディは高さ約300mもある巨大な砂丘。日中に登るなら水をたっぷり持って行くように！ 下：絶景で知られるデッドフレイ。後ろの砂丘がビッグダディだ

コントラストが生える砂丘を見るなら朝陽・夕陽の頃、砂丘に登らず、下で！

夕方、砂丘の上でサンセットを見ると、下りる時は真っ暗。遭難(?)しないように。懐中電灯は必須。

ビッグダディの北側にはビッグママと呼ばれる砂丘があり、その谷底にも涸れ果てた沼地跡がある。ここがソススフレイだ。このあたりは多少水が溜まるため、わずかにだが木々が生えている。雨が多い年には小さな沼地も浮き上がるそうだ。

※ソススフレイまで行くなら、デッドフレイで送迎車を降りずに、その先で下車（79頁地図）。
※デッドフレイへは送迎車を降りて、更に15分ほど足場の悪い砂漠を歩いて行く。

観光シーズンと服装

通年楽しむことができる。

冬でも日中なら 20 度を下回ることはまずない。ただ、日陰は冷えるし、送迎車はオープンカーなので、走行中は上着があったほうがいい。冬の明け方は一桁になるので、朝陽を見に行くときは暖かいジャケットで。

夏は最高 35℃超。陽射しが強いので体感温度はもっと高いだろう。砂丘に登るなら、朝方か夕方がおすすめ。水は充分過ぎる以上に持っていこう。明け方は 15℃ぐらいまで下がる

ベストは 8 月～10 月（3 月～5 月も良い）だが、基本的に 1 年中いつでも OK だ。ベストシーズンの頃は、特に明け方が寒い "冬" となる。

大雨季でも降水量は 10 ㎜程度なので問題ない。緑が見られる貴重なタイミングだ。いずれの時期でもサングラスは持っていこう。

星空を楽しみにしているなら、新月かその前後を狙って行くのがベストだ。

1月	2月	3月	4月	5月	6月	7月	8月	9月	10月	11月	12月
暑い				気温低め（20℃ぐらい）				暑い	最高 30℃超		
サンライズの頃は寒過ぎない					明け方は 0℃になることも					明け方は 13℃ぐらい	
雨季									雨季		

 観光拠点と現地ツアーについて

観光の拠点：**ウィントフック**（192 頁）、**スワコプムント**（194 頁）

朝陽や夕陽を砂丘で見たいなら、宿泊地に注意（次頁参照）。

2 泊 3 日のウィントフック発着ツアーがほとんどだが、ウィントフック発スワコプムント着（または逆ルート）もある。ナミブ砂漠のツアーは人気があるので、1 人旅でも参加できるツアーは見つけやすいだろう。1 人参加可能のツアーは毎週出発しているが、曜日限定なので計画的に動こう。

町から 4WD 車で行くツアーなら、デッドフレイ目前の 60 ㎞地点で送迎車に乗り換える必要はない。送迎車は有料（$10 相当ぐらい）。

※ゲート内の砂丘でサンセットを見るなら、クローズの時間に注意。遅れると罰金あり。

※陽が沈むと砂漠は真っ暗。目印も何もない所なので方向感覚も鈍る。懐中電灯は忘れずに。1 人で行動しないように。

Choco's 砂丘で朝陽を見られる人は、実は少ない

▶デューン 45 でサンライズを見る

国立公園のゲートの中に宿泊しても、デューン 45 へと向かう道には"メインゲート"があり、オープンを待っていると朝陽に間に合わない。デューン 45 でサンライズを見るなら、前日はメインゲート内キャンプ Sesriem Campsite に宿泊しよう。ただしここにロッジはない。テントと寝袋持参でキャンプだ。

▶デッドフレイでサンライズを見る

デッドフレイで朝陽が見られる人は極わずか。Sesriem Campsite でキャンプをしても、実はその先にもうひとつゲートがあるのだ。この2つめのゲート内の宿泊施設は NWR* 管轄の Sossus Dune Lodge。

非常に人気があるので、早めの予約が必要だ。空室状況は NWR のサイトで確認できる。

▶ゲートのオープン時間

ゲートがオープンする時間は日の出の時間により変わり、Sesriem Campsite に泊まればデューン 45 の朝陽に間に合う時間となっている。しかしそれはデッドフレイには間に合わない時間なので、キャンプサイトから無理して飛ばさないように。制限速度 60 km/h を守ろう。

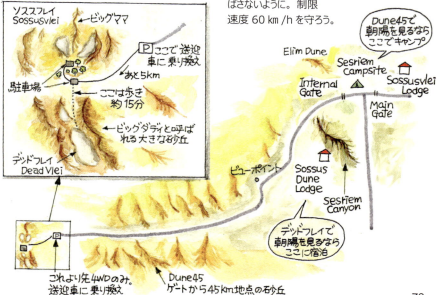

エトシャ国立公園　　　　　Etosha National Park

白い砂漠は超宇宙的動物空間　　　　　　　　33頁地図 ⑥

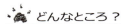 どんなところ？

ナミビアの漠然としたイメージ、"オレンジ色に染まる砂漠"とは打って変わって、真っ白い世界が延々と広がる地域。

国立公園が抱く最大のパン"エトシャパン"は、南北約50km、西の端から東の端までは130kmもある果てしない塩湖だ。"エトシャ"とは地元の言葉で"白い大地"を意味する。

360度パンが見渡せるポイントに立つと、まるで地球ではない、どこか違う星に来たのではと錯覚してしまうような、壮大な光景に圧倒されるだろう。往年の映画ファンなら誰もが知る名作『2001年宇宙の旅』の宇宙は、ここエトシャパンなのだ。映画の背景が撮影されたのも思わず納得、地球に残された絶景だ。

このパンは約1万6000年前、アンゴ

↑白く染まった大地とわずかな水分で生きられるゲムズボック。それがエトシャNPのイメージだ

ラのクネネ川から流れてきた水で形成されていた湖が、後に地殻変動で川の流れが変わり、干上がったものと考えられている。干上がったパンの周りにはヤブ地や草原があり、多くのどうぶつが生息している。ライオンやヒョウなどの肉食獣、大型のアフリカゾウも例外ではない。

キャンプ主催のゲームドライブ
Guided Game Drive

- **Morning Game Drive**：
国立公園オープン時に出発
- **Afternoon Game Drive**：
14時半〜15時頃出発
- **Night Game Drive**：
19時頃出発

※所要時間約3時間。各キャンプから発着
※季節によって出発時間は異なるので、現地キャンプで最新情報を要確認
※キャンプで申し込めるが、満席もあるので、事前にNWR*で予約しておいたほうがいい
※最低催行人数4人
※サファリ会社の車なら1回3時間に限らずフルデイドライブもあり。ツアー行程により様々

エトシャ国立公園で見られるどうぶつ

ドライブで回るのは主にエトシャパンの南側。パンの西にはオカウクエヨキャンプ Okaukuejo、東にナムトニキャンプ Namutoni、中心にハラリキャンプ Halali あり、各キャンプには敷地内から観察可能なウォーターホールがある。

▶ **Okaukuejo camp** 周辺

アンダーソンズゲートから入場し、最初のウォーターホールは Ombika。天然のウォーターホールのため乾季の終わり頃には水が涸れてきて、周辺は真っ白になる。**ダチョウ**、**ゲムズボック**、**シマウマ**、**キリン**などの草食獣が多く集まってくる所だ。キャンプに向かう前に少しだけ道を反れて立ち寄ってみよう。雨が降る季節には普段はいない**マウンテンゼブラ**がやってくる。

キャンプ周辺は**アフリカゾウ**や**セグロジャッカル**、**キリン**などが頻繁に見られる所だ。**ライオン**や**ヒョウ**も生息。**クロサイ**も多く、特に夜になるとウォーターホールに現れる確率も高い。

Nebrowni 付近は開けた草原地帯で**ライオン**の目撃率が高く、**ブチハイエナ**に出会うこともある。ここは人工のウォーターホールのため、水が涸れると給水車で注ぎ足している。そのため乾季はどうぶつ達にとって貴重な水場になる。

Gemsbokvlakte では**スプリングボック**がよく見られ、乾季には大集合することも多い。

キャンプの北、Okondeka 周辺は草丈の短い半砂漠地帯。爬虫類が多いためか、猛禽類をよく目撃する。

▶ **Halali Camp** 周辺

パンの中央あたりに位置するハラリキャンプ周辺は**ヒョウ**の目撃情報が聞かれる所。実際私がヒョウを見たのも2度ともハラリ周辺だった。運が良ければ夜間にキャンプのウォーターホー

↑ハゲワシがいたら周辺を要チェック。ジャッカルやハイエナ、時にはチーターが見つかることも

↑ハラリキャンプのウォーターホール "Moringa" は観察席から近いから、自撮りもバッチリ

ル Moringa にやってくることもあるという。ここでは乾季の終わり頃になると水を飲みにくる**ゾウ**の群れが複数重なり、大軍団になることもある。展望席では**ヤブリス**が歩き回っているだろう。このキャンプは西と東を結ぶ中継地点としてランチタイムに立ち寄るツアーも多いので、時間があればぜひ Moringa に行ってみよう。

キャンプの西の Sueda と Salvadora は干上がったエトシャパンに接する位置で、真っ白いパンが見渡せる。運良くどうぶつがいれば、エトシャ NP らしい写真が撮れる場所だ。**チーター**の目撃談が聞かれるけれど、見られればかなりラッキー。**ライオン**が現れることもある。

このあたりから Naumses までの道にウォーターホールはないが、実は小さな泉が幾つかあり、乾季には**ヌー**や**シマウマ**が大きな群れを作っていたり、**レッドハーテビースト**、**クドゥ**、**キリン**などの草食獣、**ブチハイエナ**や稀に**ヒョウ**を見ることもある。ドライブしながら探そう。エトシャ NP にしか生息しない**カオグロインパラ**にも注目だ。

▶ **Namutoni Camp** 周辺

ゾウが多いエリア。こちら側のゲートから入場したら、いきなりゾウの大軍団の歓迎を受けるかもしれない。ここからハラリキャンプあたりに棲むゾウの群れは大きめの大家族だ。ただし雨季には北のほうに移動してしまう。他にも**クロサイ**や**キリン**などの草食獣に会うことは多い。キャンプ周辺、とくに南側の通りでは小さな**ディクディク**としばしば遭遇する。ウォーターホールにはやってこないので、ヤブの中を探そう。

雨季には通行止めの箇所もあるが、バードウォッチングには良い季節だ。フィッシャーズパンに**フラミンゴ**や**ペリカン**、**チドリ類**などの水鳥が多く見られるようになる。特にフラミンゴはここで繁殖、子育てをするので、12月～2月に多い。※どうぶつ情報は目安。

↑白いパンが陽の光によって様々な色に染められるのがエトシャ NP の魅力のひとつ

↑公園東側、ナムトニ周辺の草原。傾き始めた太陽が草原をドラマチックに演出してくれる

エトシャ国立公園のお楽しみ

★1 眠っているヒマもない！キャンプのウォーターホール

ゲームドライブを終えてキャンプに戻ってきても、まだまだ楽しみは続く！

各キャンプから見える所にもウォーターホールがあり、観察用のベンチが置かれている。野生どうぶつは夜間のほうが生き生きとしているので、夜はぜひ見に行こう。オカウクエヨキャンプはクロサイがやってくる可能性が高く、運が良ければ、ライオンやヒョウが現れることもある。

ウォーターホールでは静かに。ライオンが現れても誰も大騒ぎしないので、気が付かない人すらいる。見逃さないように周辺の木々の中などにも目を向けていよう。出没はタイミング次第。あきらめた頃にやってくる！……かも。

※夜暗くなると自分のコテージが分からなくなり、迷子になる人続出。スタッフが見回りをしているが、懐中電灯は忘れずに。

★2 360度 白い地平線で大はしゃぎ

ぐるーーっと360度、果てしなく真っ白だけの世界！

国立公園内に2つ設けられた見晴らしポイントLookoutに行くと、大パノラマでどこまでも続く乾いたパンを見渡すことができる。目に見える範囲全て、草も木も何もない、もちろん野生動物もいない、ただひたすら真っ白な大地だけが広がっている世界だ（Halali近くのパンの方が見晴らしが良い）。特に乾季が続いて乾燥が激しい頃は、大地がより一層白く染まって、絶景となる。逆に雨季は進入不可になってしまう。

ここで面白写真を撮るのも観光の楽しみのひとつだ。手乗り人間など、不思議写真を撮ってみよう。

※キャンプ発のゲームドライブは、通常どうぶつを追うのが目的のため、ルックアウトには行かない。

↑時にはライオンも現れる。タイミングが命！

↑この光景が360度！エトシャNPに来たら必見！

83

観光シーズンと服装

基本的に1年中楽しめるが、乾季の5月中旬〜10月初旬が良いシーズン。特に7〜9月は水が貴重な時期なので、多くのどうぶつがウォーターホールに集まってきて、見つけやすい。

乾季は冬にあたり、昼間でも最高気温27℃ぐらいまでしか上がらず過ごしやすい。早朝の気温は10℃まで下がるので、オープン型の車だと寒く感じるだろう。10月になると日中は30度を超え、最高40度に届くこともある。暑いとどうぶつはヤブ地の影に隠れてしまうこともある。気温が低めの明け方、夕方のゲームドライブがいい。

雨季はバードウォッチングに良い季節。降雨量が多いのは1月〜3月で、フラミンゴなどの水鳥がやってくる季節だ。雨が多い年には、フラミンゴが大集合することもある。しかしどうぶつはあちこちにバラけて見つけにくい。

観光拠点と現地ツアーについて

観光の拠点：**ウィントフック**（192頁）

ライオンやサイなど人気のどうぶつが多いのは西のオカウクエヨキャンプ周辺。他2つのキャンプも魅力的だが、できれば1泊はオカウクエヨに滞在できるツアーがお勧めだ。

▶ 1人から参加できるツアーは11頁

↑季節だけでなく、時間も重要。オカウクエヨキャンプのウォーターホールは夕陽が沈む西側にあるため、運良くどうぶつが来ていると、シルエットや水に映ったどうぶつ達が幻想的だ

のScheduled Tourを参照。ただしオフシーズンに②は催行していない。

▶ 安めのツアーだとClosed Vehicle*が移動とゲームドライブ兼用の場合がある。好みにもよるがクローズ型の車は開放感がないのがデメリットだ。

　しかしClosed Vehicleは安いのでプライベートで貸し切れば、時間の制約なく、丸々1日中でもゲームドライブすることができるのがメリットだ（レストキャンプ主催のゲームドライブは1回3時間）。また、ゲームドライブをしながら別のレストキャンプに移動することも可能なので、1日目はナムトニキャンプ泊、2日目はオカウクエヨ泊というスケジュールもアレンジしやすい。

▶ ツアー会社がOpen Vehicle*を所有していれば、開放的で見晴らしが良い車でゲームドライブができる。この場合レストキャンプではなく、公園の外のロッジに宿泊かもしれない。ロッジは快適だが、レストキャンプのメリットである夜のウォーターホールは楽しめない。車はOpen Vehicleで他の客と混載。

▶ セルフドライブも可能。乾季はウォーターホールを目指せば、どうぶつは簡単に見つかる。雨季は水没する箇所もあるので、地図と情報を入手しよう。

　キャンプの食料品屋の品数は少ないので、自炊なら町で食材を仕入れていこう。

↑エトシャパンが真っ白に染まるのは乾季の終わり頃。この時期は水が涸れてくるため、貴重な水場であるウォーターホールにはどうぶつが集中し、大軍団になることが多い

| 6月 | 7月 | 8月 | 9月 | 10月 | 11月 | 12月 |

過ごしやすいが、明け方は冷える →だんだん暑くなってくる　最も暑い時

乾季はベストシーズン！どうぶつがウォーターホールに集まってくる　→東から降り始める　雨季→

7月頃〜、どうぶつがウォーターホールに集まってくる

葉が落ちて、ヤブのどうぶつが見やすい

みっけ

乾季の終わり、パンが真っ白になる

雨が降りだす。ゾウの一部は北へ

フラミンゴが繁殖のためにやってくる

→どうぶつを見るには良いシーズン←

87

スピッツコップ

Spitzkoppe

ワイルドで優雅な休日を　　33頁地図 ⑦

どんなところ？

荒涼とした砂漠地帯に巨大な岩山群がそびえる、まるで西部劇のような風景が見られる所。サン民族（Bushman）が昔から暮らしていた地域で、岩山には彼らの壁画も残されている。

高い所を見たら迷わず登ろう！というのが正しいアウトドアの楽しみ方だ。てっぺんまで登って広大なアフリカの景色を堪能しよう。滑りやすいので、登りやすい所を探して事故のないように！

スピッツコップの美しさが本領を発揮するのは、夕方から明け方だ。日没の頃には、岩山を照らす夕陽の色が刻々と変わっていくのを眺めながらワインを飲む、なんて優雅な時間を過ごすのも忘れられない思い出になるだろう。

岩の上にマットレスを敷いて寝袋で寝るのも一興だ。満天を眺めながらの野宿も、なかなかできない経験だろう。

岩山は何億年という時をかけて花崗岩

↑ポツっと見えるのが人。巨大な岩山だ

が風化して形成されたという。最も高い山はグロス スピッツコップで 1728m。

岩場ではイワハイラックスが見られることもある。

※壁画を見る場合は受付で申し込んで、ガイドさん同行で見学すること。

観光シーズン

年中 OK。野宿、またはキャンプをする予定なら、冬は防寒対策を忘れずに。陽が沈むと急激に気温が下がり、特に明け方は冷え込む。夏であっても明け方は冷える。

観光拠点と現地ツアーについて

観光の拠点：**スワコプムント**（194 頁）
日帰りツアーでも行ける。片道 2 時間ほど。帰りにムーンランドスケープへ立ち寄るツアーも多い。夕陽や星空を楽しみたいなら、ぜひキャンプで。

↑時間が許せば、ぜひお泊り

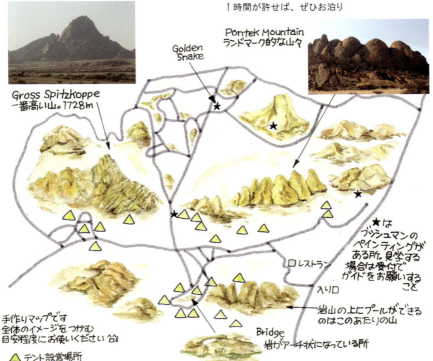

Gross Spitzkoppe
一番高い山。1728m

Golden Snake

Pontek Mountain
ランドマーク的な山々

★はブッシュマンのペインティングがある所。見学する場合は受付でガイドをお願いすること

レストラン

入り口

岩山の上にプールができるのはこのあたりの山

Bridge
岩がアーチ状になっている所

手作りマップです
全体のイメージをつかむ
目安程度にお使いください 😊

▲ テント設営場所

チーターパーク　　　　　　　　Otjitotongwe Cheetah Park

保護施設でチーターとツーショット♪♪　　　　　　　33頁地図 ⑧

 **どんなところ？**

絶滅にまっしぐらのチーターを救うために始まったチーター保護区。チーターは広大なエリアに"野生"の状態で保護されているが、餌は与えられている。餌やりの時間に訪れるのが良いだろう。

パークの説明を聞きつつ、チーターと記念撮影もできる。エトシャNPから西海岸へと向かう長い道中に立ち寄ることができるが、途中1泊は必要。近くにヒンバビレッジもある。

↑慣れているけれど、注意は守るように！

■餌やりは、夏16時～、冬15時～
観光化されているが、非営利組織。

フィッシュリバーキャニオン

Fish River Canyon

アフリカにいると、もはやこの広大さにも驚かない！？

33 頁地図 ⑨

 どんなところ？

世界一大きな渓谷はアメリカのグランドキャニオン。では2番目は？

それがここ、フィッシュリバーキャニオンだ。なぜか知名度が低いが、グランドキャニオンに負けず劣らずの景色が眺められる。

渓谷は長さ約 160 km、幅は広い所で 27 km。谷の深さは 550m にもなる。人気の展望ポイントは渓谷北部のホバス Hobas だ。ここをメインにを訪れるツアーは、ウィントフック発で2泊3日から楽しめる。片道7時間位。ベストシーズンは乾季の5月〜10月。展望ポイントは観光地とはいえショップなど何もないので、水は充分に持っていこう。

体力に自信ありなら、4泊5日かけて

↑ Hobas の展望ポイントは柵なしの崖っぷち。文句なしの大自然！

約 85 km を歩くハイキングツアーもある。プロのガイドの同行が必要。人気なので、ツアーの予約は早めに。ハイキングは5月から9月中旬限定で、水位が高いときは中止になる。

渓谷の南部には温泉が出るリゾート地 Ai-Ais がある。

↑ 広角レンズを持っていけば良かった

ケープクロス（オットセイ繁殖地）

Cape Cross Seal Colony

海のどうぶつにも会いたくて！ 33 頁地図 ⑩

🐾 どんなところ？

ミナミアフリカオットセイの生息地。繁殖シーズンには 20 万頭以上のオットセイがこのビーチに集まってくるという、世界最大級の繁殖地だ。一帯は保護地に指定されていて、ビーチにはオットセイを見学できるボードウォークが敷かれている。それ以外は何もない所だが、スケルトンコーストを巡る途中に立ち寄る人も多い、人気の観光地だ。

繁殖期になるとハーレムを守るオス達がバトルを繰り広げる。赤ちゃんが多いのは 12 月～3 月。

上：体色が黒っぽいのがオス、グレーがメス
右：オスの成獣

🐾 観光シーズン

オットセイはいつでも見られるが、一般的な生活サイクルは下のカレンダーのとおり。海岸沿いのため風が強く寒いので、夏でも上着があったほうがいい。

Choco's

| 1月 | 2月 | 3月 | 4月 | 5月 | 6月 |

ちびの天敵セグロジャッカルが現われることもある

黒い子供がたくさん見られるのはこの時期

生後3ヶ月ぐらいで泳ぎの練習

視界が悪い海の中では目を大きく見開いている

5ヶ月ぐらいで緑がかったグレーになる

92

ミナミアフリカオットセイ　Cape fur seal

オットセイ仲間では最大級で、オスは体長 2.5m、体重 200 〜 350 kg。メスは約 1.6m、80 kg。南大西洋のアフリカ大陸沿岸に生息。繁殖シーズンになるとオスはハーレムを作り、5 頭〜 25 頭ほどのメスを従える。天敵はホホジロザメやシャチなど。まだ泳げない小さな子供の敵は、陸上のセグロジャッカル。

観光拠点と現地ツアーについて

↑生まれて間もない子供の体は黒っぽい

観光の拠点：**スワコプムント**（194 頁）町から北に約 130 km。半日ツアーでも行けるが、ウェルウィッチアにも立ち寄るフルデイツアーもある。ウィントフック発のツアーでエトシャ NP からスワコプムントに向かう途中に立ち寄ることもできる。

スワコプムントから向かう場合は海岸線沿いに北上するので、行きの車の席は、左側のほうが海が見えて見晴らしが良い。海岸に打ち上げられた難破船も見られるだろう。

↑生後 5 ヶ月ほどで緑がかったグレーになる

7月	8月	9月	10月	11月	12月

出産、子育てに備えて海で腹ごしらえ　ビーチには少なめになる

10月中旬から出産のシーズンでビーチに大集合。オス達はハーレムを守るために胸を打ちつけ合ってバトル　どす、

赤ちゃん誕生のピークは11月中旬〜12月初旬

ナミビア西海岸（スワコプムント周辺） Namibia West Coast

デイツアーでのアクティビティがいっぱい！小さな観光の町　　　33頁地図 ⑪

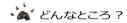 どんなところ？

　ナミビアの西側海岸沿いのエリアは、砂に覆われた砂漠地帯（ナミブ砂漠の一部）。この広大な砂漠に1892年、港町として作られた町がスワコプムントだ。現在は様々なデイツアーが楽しめる観光の拠点になっている。

　地図（195頁）で見るとコンパクトな町だが、道幅が広いため、歩いて回ると思いのほか移動に時間がかかる。これは、町ができた当初は車ではなく馬車で生活していたからだそうだ。ウィントフックまで通じる鉄道も走っているが、この線路は幾度も砂に埋もれ、現在通っている線路は歴代3つめのものだという。

　町発着のアクティビティは次頁からの他に、サンドボーディングやクワッドバイクなどアクティブ派向けのものもある。

　かなり遠いが230km北、砂に埋もれた廃墟が見られるスケルトンコーストを訪ねるツアーもある。

＜スワコプムントの気候＞

1月	2月	3月	4月	5月	6月	7月	8月	9月	10月	11月	12月
暖かいとはいえ 15～21℃			日中 16～18℃			一番寒く 明け方 9℃					
	雨が少し降る			通年雨はあまり降らず、湿度が高く雲が多い。明け方は霧っぽい								

94

西海岸沿いのお楽しみ

⭐1 ここは SF 映画の世界!?

アフリカ大陸の西の果てまで辿り着いたら、ついでにチョロッと月面に着陸してみよう！"ムーンランドスケープ"だ。ここは砂だらけのナミブ砂漠に浮かぶ小宇宙。SF 映画で見たような光景が延々と続いているエリアだ。場所はスワコプムントの内陸部、ナミブナウクルフト国立公園の北部。

↑スターウォーズのフィギュアを置いて撮りたかった！違う惑星に降り立ったような光景が延々と広がる

花崗岩が地表に隆起し形成された岩山地帯で、何億年も前、ここに流れ込んだスワコプ川が山を浸食し、渓谷となった。それが、現在川は涸れ果てて不毛地帯。……と思いきや、時折ダチョウやスプリングボック、ゲムズボックなどが現れる。さらに朝露のわずかな水分で生きる様々な植物達。その中には、なんとスイカも自生している。砂漠の植物は水が少ない環境で生き抜くために、葉を細くして水分を極力必要としない形をとるか、逆に貴重な水分を自分の中にしっかりと蓄えるために肉厚な葉を持つが、スイカは後者だ。

↑"奇想天外"という和名がつけられた砂漠の植物ウェルウィッチア。2 枚の葉が裂けている

さらに月面を探索し続けると、樹齢 1000 歳のウェルウィッチアが見られる。このあたりにしか生息しない稀少植物で、和名は"奇想天外"。

※入場は事前に許可 Permission が必要。

→スイカは砂漠の植物だって知ってた？

95

⭐ 2 ピンクの海って見たことある？

　フラミンゴの群れで一面ピンク色に染まるラグーン。スワコプムントから約30km南のウォルビスベイは漁業と塩田の町。観光客にとってはフラミンゴが見られるバードウォッチングの町だ。

　ナミビアのエトシャNP、ボツワナのソワパンなどで繁殖するフラミンゴが、子育てを終えてウォルビスベイの浅瀬に集まってくる。沿岸の浅瀬は波が打ち寄せず、またプランクトンや甲殻類が生息できる塩水のため、それを捕食するフラミンゴにとって居心地の良い場所なのだろう。コフラミンゴとオオフラミンゴの両方が生息しているが、エトシャNPなどに移動してしまうと数が激減する。ウォッチングにベストなのは7月〜9月頃。一方12月〜3月は越冬しにやってくる渡り鳥が多い。またミナミセミクジラがやってくる湾でもある。Walvisの語源はアフリカーンスの"鯨"なのだ。

⭐ 3 オットセイに会いに出航！

　2時間半ほどのクルーズだが、出航するやいなやオットセイがボートを追ってくる、カモメがついてくる、ウミウが水中にダイブするetc.。ウォルビスベイ発のボートクルーズはさながら"海のサファリ"だ。

　ここは南大西洋。生息する哺乳類はミナミアフリカオットセイに、日本の水族館でもお馴染みのハンドウイルカ Bottle-nosed Dolphin、ペリカンなど。

　オットセイのコロニーをボートの上から見学していると、空からは大きなクチバシのペリカンがバッサバッサと降りてきて、ちゃっかりボートに乗船。そして魚のおねだりだ。間近で見るペリカンは思いのほか大きい。

　そしてオットセイも乗船。水族館のショーでは選ばれた子供しかできない、"オットセイと記念撮影"のチャンス！海の上は寒いので暖かいジャケットを。

↑繁殖期にはエトシャNPに飛んでいく

↑オットセイやペリカンも乗船してくる

⭐ 4 サンドイッチハーバーで砂まみれ

　スワコプムントから約 50 ㎞南下。このあたりは、海岸近くの砂が急激に盛り上がって、高い砂丘を形成している。つまり平らなビーチがなく、海からいきなり砂丘！というのが、サンドイッチハーバーならではの、自然が作り出した珍しい光景だ。

　ツアーでは四駆車で砂漠を駆け抜け、高低差のある砂丘を上ったり下りたりで、車酔い必至！砂丘のてっぺんなど見晴らしの良い所で車を止めて写真を撮る時間もくれる。砂だらけのエリアにもかかわらず、ゲムズボックやスプリングボックが見られるだろう。セグロジャッカルの目撃は高確率。最後に砂漠にテーブルを広げ、シャンパンで乾杯！
※ツアーの車は助手席が良い。1人参加だと助手席の確率が高いようだ。
※海沿いで風が強いので、カメラに砂が入らないように注意。

⭐ 5 ドキュメントの世界を生で！

　ナミブ砂漠をもっと知りたい！という知識欲が強いお方なら、Living Desert Tour はどうだろう？

　一見何もない不毛の砂漠にも、わずかな朝露だけで生きる命がこんなにたくさんいることに驚かされるだろう。小さなカメレオンがみるみると体色を変えていく様を生で見ることも、そうそうできることではない。テレビで見たような砂漠の不思議が目の前で起きるのを体験できる。ガイドさんは、砂に潜って暑さをしのいでいるトカゲや毒蛇、小さな木陰に隠れているサソリや毒グモなどを、砂に残ったわずかな痕跡を頼りに次々と見つけ出し、その生態を説明してくれる。もはや、私達より大はしゃぎだ。「この仕事、好き？」と聞くと、「砂漠がボクのオフィスだよ♪」と楽しそうだった。

　地味ながら内容は結構濃い。砂漠を深く知りたい人向け。

↑平らなビーチがなくて、海からすぐ砂丘！というのがサンドイッチハーバー

↑もう砂漠は裸足では歩けない！！って気分になる⁉ Living Desert Tour

クルーガー国立公園と私設保護区　Greater Kruger National Park

南アフリカでサファリなら、ここでしょ！　　　　　　　　　　　33 頁地図 ⑫

　どんなところ？

　南アフリカでサファリを楽しむなら、やっぱりクルーガーでしょ！と言っても過言ではない、大人気の野生どうぶつエリア。

　南アフリカ共和国の北東の端に位置する縦長の国立公園で、北から南までの距離は 352 ㎞。ほぼ東京〜名古屋間だ。横幅は約 60 ㎞。広さは 1 万 9,000 ㎢で東京 23 区のなんと約 30 倍。しかもその西側には私設保護区が広がっている一大野生どうぶつ王国だ。

　生息するどうぶつはビッグ 5* をはじめ、チーター、ワイルドドッグ、ブチハイエナなどの肉食獣、シマウマ、ヌーなどの草食獣、そしてマングースなど小動物、爬虫類を含めざっと 150 種以上。鳥は 500 種以上。

　とてもとても全部を見て回るのは難しいが、2 泊 3 日ぐらいのツアーでも、内容は充実している。

　メインのお楽しみは、やはりゲームドライブ *。国立公園主催のドライブは、どうぶつが活発な早朝、夕方、夜に出発し、数時間楽しめる。

　その他にも Guided Walk や、レストキャンプによってはテント泊での野生体験ができる Wilderness Trails など、様々なアクティビティが用意されている。

　国立公園内へ行くツアーで比較的人気なのはクルーガー NP 最大の Skukuza キャンプや、中央あたりの Olifants キャンプ、Orpen キャンプを拠点に回るツアーのようだ。もちろん北部の Mopani キャンプ、南部の Crocodile Bridge キャンプなど魅力的なエリアは数々ある。

　私設保護区ならビッグ 5 の期待度が高い国立公園沿いが人気だ。

↑いきなりアフリカゾウ！ってこともあり

※右地図の赤い部分がクルーガー国立公園。緑の部分は幾つもの私設保護区が集まっているエリア。国立公園と私設保護区を合わせて Greater Kruger National Park と呼ばれている。違いは 106 頁参照

クルーガーで見られるどうぶつ

　クルーガーはアフリカ最大級のどうぶつ生息エリア。どのレストキャンプ周辺でもビッグ5との遭遇が期待できる。

　もちろん**キリン**、**アフリカ水牛**、**シマウマ**、**ヌー**、**スティーンボック**、**イボイノシシ**など草食獣との遭遇率はほぼ100%と言ってよいだろう。

▶ Skukuza 周辺

　クルーガー最大のキャンプで観光客も多い。どうぶつは車に慣れているのか、**ライオン**などビッグ5との遭遇率は高く、**ワイルドドッグ**の目撃談も聞かれる。**ヒョウ**の目撃情報が多いのはサビー川とサンド川が交わるあたりだ。他にも**セグロジャッカル**、**ブチハイエナ**、**キリン**、**ササビー**、**イボイノシシ**など様々などうぶつに出会える。

▶ Orpen 〜 Satara

　オルペンゲートから東に向かう道は川に沿っていて、どうぶつの出現率も高い。**ライオン**の目撃も期待でき、フルデイドライブならほぼ確実に見られるだろう。運が良ければ川沿いの森で**ヒョウ**に会えるかもしれない。

▶ Lower Sabie 〜 Crocodile Bridge

　ロウアーサビーの南北は木が少ないグラスランドのため、**チーター**が生息している。広大な草原なので、目を凝らして探そう。また同レストキャンプの近くにはサンセットダムなどのウォーターホールがあり、水が貴重な乾季には様々などうぶつが集まってくる。もちろん**ワニ**や**カバ**も棲んでいる。また、ロウアーサビーとクロコダイルブリッジの間は**サイ**の目撃情報が比較的多いエリアだ。

▶ Olifants 〜 北部

　北部の方は**アフリカゾウ**が多いエリア。特に乾季になると隣国のモザンビークやジンバブエからも水を求めてやってくる。

↑忍者のように姿を隠しているヒョウ。ビッグ5の中でも特に見つけるのが難しい

↑キリンは相棒アカハシウシツツキと一緒♪

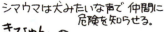

サファリカーは外側の席が人気だけど逆側にどうぶつがいると見にくい。案外真ん中が良い席かも

シマウマは犬みたいな声で仲間に危険を知らせる。

きゃん きゃん

様々などうぶつがロッジに出現

トゲのあるThorn Treeにお尻を入れて防衛している。別名バッファローブッシュツリー。

ライオンはまずお尻に噛みついてくるのを知っているのだ

イボっちもやってきた

わっ

ひょいっと現れる♪

おタトで朝ごはん

ウォーキングサファリでカバがいる川に連れて行ってくれた。行き先は様々

サバンナモンキーがプールサイドを占領!
マングースも見つけてね

レストキャンプ発のゲームドライブ
Guided Game Drive

- **Morning Game Drive**：
  国立公園オープンの30分前
- **Sunset Game Drive**：
  フレキシブル。要確認。
- **Night Game Drive**：
  19時半〜20時出発

※所要時間約3時間〜3.5時間。各レストキャンプから出発する
※季節、各キャンプによって出発時間は異なるので、現地で最新情報を要確認
※個人で行く場合は席に限りがあるので、事前にSANPark*で予約したほうが安心
※サファリ会社の車なら1回3時間に限らず、ドライブできるだろう。ツアー行程により様々

クルーガーのお楽しみ

1 ビッグ5を追いかけよう

　クルーガーを訪れる最大の目的はビッグ5との遭遇！という人も少なくないだろう。ビッグ5とは、野生どうぶつをハンティングしていた時代、仕留めることがステイタスだった獰猛な5種のどうぶつだ。

　アフリカゾウとの遭遇率は100%と言って大丈夫。車道を悠々と横断して行くこともしばしばだ。大きな体を支えるために大量の水を必要とするので、川やダムの近くで見ることが多い。

　アフリカ水牛も間違いなく見られるはず。車からでもよく見える開けたエリアで群れを作っているだろう。

　ライオンも比較的高確率で見られる。1回のドライブで見られるかは運次第だが、2泊もあればまず問題ないだろう。

　手ごわいのが**ヒョウ**。数が少ないうえ、忍者のような隠蔽色で木々の中に紛れているから、ガイドさんが見つけて指差してくれても、それでもどこにいるのか分からないぐらいだ。

　クロサイも稀少どうぶつ。国立公園の南の方での目撃率がやや高いようだ。

　ビッグ5のいくつを達成？同乗者で一丸となって探そう！

ビッグ5：ハンティングで仕留めると「凄いだろ！」と自慢できた獰猛な5種。サファリでは、見られると「ラッキーでしょ！」と自慢できちゃう♪
①アフリカゾウ ② シロサイ ③アフリカ水牛 ④ヒョウ ⑤ライオン

⭐ 2 探検隊気分で夜のドライブ

人間達がスヤスヤと眠る頃、野生どうぶつ達はソワソワと巣穴から這い出し、ヤブ地から繰り出し、そしてどうぶつ達の宴が始まる。

月の光に照らされたアフリカの夜を楽しめるナイトドライブは、昼間はなかなか目にすることがない、生き生きとした夜のどうぶつが見られるチャンスだ。暗がりで活動しているどうぶつを探して、闇に包まれた道を進むドライブには、昼間のドライブでは味わえない興奮がある。夜行性のどうぶつにも会える。

ガイドさんが照らすサーチライトは、どうぶつの目に当たると反射して光るため、暗いとはいえどうぶつは見つけやすい。昼間は暑さでバテているライオンも、夜には野生本来の姿を見せてくれるかもしれない。

※国立公園でのナイトドライブはキャンプ主催のみ。夜間のセルフドライブは禁止。

⭐ 3 大地を歩いて自然を知る

南アフリカ人はとにかくお喋り！

車を降りて歩きながら自然観察をするウォーキングサファリ Guided Walk の良し悪しは、ガイドさんによって左右するが、みんな大当たりだった。ガイドさんは喋りっぱなし。どうぶつの巣穴や糞、足跡などの生き物の痕跡、花や樹木など、様々な自然を紹介するときも、自分の子供時代のエピソードを交えながら楽しく教えてくれる。机の上で調べれば分かるような知識ではなく、実体験ならではの話はよりリアルにアフリカの自然を知ることができて楽しい。

ゾウにテントを踏み倒されそうになり飛び出して逃げた話や、マルーラワインをつくって彼女を口説く方法、家の近所のアリ塚を巣穴にしていたイボイノシシの話 etc.。ガイドさんによって話の内容は様々。私設保護区によって内容や行き先は様々だ。

↑サーチライトで照らしてくれるけれど、カメラの感度は高め、またはオートにしておこう

↑ゾウの糞のお香はどんな香り？ウォーキングは体験型。ドライブにはない楽しさがある

⭐ ④ こっそりのぞき見！

現地で買えるクルーガーマップ内の⒣マークに注目。これは Hide。どうぶつから身を隠してゆっくりと観察ができる設備だ。たいてい川やウォーターホールなどどうぶつが出没しやすい所に設置されているので、立ち寄ってみよう。運が良ければゾウやシマウマが水を飲みにやってきていることもある。少し待ってみるのも野性どうぶつ観察の鉄則だ。水場なら水鳥も見られるだろう。バードウォッチャーさんなら、ぜひ。

↑来た来た来た来た！

観光シーズンと服装

ベストは6月～10月初旬。4月を過ぎると雨はあまり降らなくなる。そして乾燥が続くと葉が落ち、見晴らしが良くなるため、どうぶつが見つけやすい。また水場は貴重な水分補給源となるため、川沿い、ダムなどにどうぶつが集中してくる。この頃はマラリアのリスクも減る頃だ。ただし明け方は非常に寒いのでジャケットが必要。

10月になると雨の季節。最も降るのは12月～3月。国立公園なら道路は舗装されているので、車がぬかるみにはまる心配はないが、水が豊かな時期のため、どうぶつは水場に集まらずにバラけてしまい、探しにくい。しかしブッシュの緑が青々と茂っていて気持ち良い時期だ。渡りをする鳥が増えてくるので、バードウォッチャーにも嬉しい季節。クリスマスシーズンを外せば混雑もない。

	1月	2月	3月	4月	5月
雨季・乾季	雨季 ピーク			まだ少し降る	乾季
日中の暑さ	暑い頃				
どうぶつの動きなど	草が豊富でどうぶつは生き生きツヤツヤ	水も草も豊富でどうぶつはバラけるけれど…　…緑が青々してインスタ映え♪		雨季が過ぎると葉が落ち始める　雨は4月まで続く	

Choco's

観光拠点と現地ツアーについて

観光の拠点：**ヨハネスブルグ**（196 頁）、**プレトリア**（201 頁）

▶ 現地の Scheduled Tour* に申し込むなら、ゲームドライブは国立公園か私設保護区のどちらなのかなど、内容をよく調べて、慎重に選ぼう。

▶ 国立公園を回る Private Tour なら、訪れたいレストキャンプなどを告げればアレンジしてくれる。ただしゲームドライブ自体はレストキャンプ主催に参加する行程なら、他人と乗り合わせになるので、Scheduled Tour と内容はあまり変わらないだろう。好みに合った行程を探しても良いかも。

▶ 私設保護区を訪れるなら、各ロッジに問い合わせ。また、国立公園ツアーと同様に、現地サファリ会社が移動と宿泊、ゲームドライブなどをセットにして提供している場合もあるので、好みのツアーが見つかれば、それでも OK。

▶ 私設保護区を訪れるツアーは国立公園のツアーに比べ料金が高めだが、ゲートの外のロッジを利用することでコストを抑えたツアーも出ている。

▶ 国立公園からちょっと離れた私設保護区なら値段は安めだ。ただしビッグ 5 の目撃率は少々低くなるので、国立公園でのゲームドライブも併せてできる行程にすると良いだろう。

▶ ヨハネスブルグ←→スククザキャンプのシャトルバスが毎日出ているので、シャトル、レストキャンプの宿泊、ゲームドライブを自分で手配することもできる。ゲームドライブは 1 回 3 時間。
→シャトルバスは 197 頁参照。

▶ 人数が揃えばレンタカーで行き、国立公園のレストキャンプを利用すれば割安だ。自炊をすればさらにコストダウン。

贅沢なバカンス派
私設保護区 でサファリ

Game Drive

ロッジの専用車、または提携しているサファリ会社の車で出発。車はオープン型で見晴らしが良い。ガイド兼任のドライバーに加え、トラッカーと呼ばれるどうぶつ探しのプロも同行。道路は未舗装。ライオンなどが現れた時はオフロード＊してくれる。国の管理ではないので、規則は緩めだ。夜のドライブもあり。セルフドライブは不可。

↑ 舗装なしのラフロード。状況によってはオフロードすることも

Wildlife

国立公園に接したあたりの保護区は、どうぶつ密集度が高くて人気だ。ビッグ5をはじめ様々などうぶつが生息している。少し離れた私設保護区だとビッグ5の目撃率は少々下がるが、もちろん生息圏。

宿泊施設

民間経営のため、サービスが行き届いたリゾート仕様のロッジが多い。高級家具や洗面のアメニティもブランド品であるなどゴージャスな所もあるが、シンプルに抑えてリーズナブルなロッジもある。自然環境を活かした星空ベッドや、ツリーハウスなど個性的なロッジも多々あるので、お好みで。

Meals

食事はロッジのレストランで。著名なコックさんがいるロッジや、南アフリカの家庭的なメニューを出してくれる所など様々。通常、宿泊代に食事、ゲームドライブがセット。

Budget

プライベートリゾートのため料金は国立公園に比べ高めだが、その分サービスは申し分ないだろう。日本発のパックツアーは多くが私設保護区のようだ。もちろん贅沢三昧ではなく、リーズナブルに抑えているロッジやテント型ロッジもあるので、国立公園のレストキャンプ泊とあまり変わらない値段で楽しめる所もある。

王道を行く派
国立公園 でサファリ

↑道は舗装されているので、自家用車でもOK（一部未舗装）

レストキャンプ主催のゲームドライブは、見晴らしの良いオープン型車。朝、夕、夜に出発。各約3時間。サファリ会社が所有する車でゲームドライブするツアーもある。また、主要な道路は舗装されているため、車があればセルフドライブ＊でも楽しめる。オフロードは禁止。夜間のセルフドライブも禁止。

Game Drive

ビッグ5やチーター、ワイルドドッグなどの肉食獣が期待できることで人気なのは、スククザ、オルペンズ、オリファンツなどのレストキャンプ周辺。南のクロコダイルゲート付近も、大物どうぶつの目撃確率が高い。北はアフリカゾウ天国。

Wildlife

バンガロータイプや大勢で楽しめるゲストハウスやファミリータイプ、テントが張れるキャンプサイトまで揃う。レストキャンプによって宿泊施設のタイプは様々だ。ゴージャスではないが清潔で安心して宿泊できる。
詳しくはSANParkのHP参照→ Ⓤ https://www.sanparks.org/

宿泊施設

レストキャンプにレストランや食料品屋がある。キッチン付きの宿泊施設なら自炊も可能。Braaiと呼ばれるアフリカ式バーベキューの設備もあり。

Meals

リーズナブル。宿泊設備はロッジ、テントなど予算や好みに合わせて選べ、食事も予算に応じてレストランにしたり自炊したりと、自由度が高い。
レストキャンプ主催のゲームドライブではなく、サファリ会社の車でドライブできるツアーなら、1回3時間の時間制限はない。

Budget

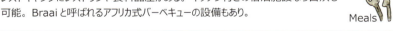

ブライデリバーキャニオン　Blyde River Canyon Nature Reserve

「世界三大渓谷」って知ってる？　　　　　　　　　33頁地図 ⑬

 どんなところ？

アメリカのグランドキャニオン、ナミビアのフィッシュリバーキャニオン（91頁）と並んで、「世界三大渓谷」に名を連ねるブライデリバーキャニオン。前者2つの渓谷と違い、ブライデリバーキャニオンの魅力は、緑が豊かな環境であること。ゴツゴツとした岩山が連なる荒野ではなく、青々とした壮大な景色が広がる、気持ちの良い大渓谷だ。

ブライデ川の浸食により、長い年月をかけて深く削られてできた谷は、深さ最深約800m。長さはクネクネと蛇行しながら約25km続く。渓谷一帯はブライデリバーキャニオン自然保護区に指定されているが、2万9000haもある保護区内の見所は、スリーロンダベルズ Three

↑展望台から見たブライデダム。スリーロンダベルズ展望台の見晴らしポイントは1つじゃないので、お見逃しなく

Rondavels などの展望台。ロンダベルズとは、アフリカの伝統的な家屋のことで、渓谷の断崖に、家のような形をした円筒状の大きな岩山が3つ見られることに由来する。岩山の周りはもちろん右を見ても左を見ても広大な大渓谷が連なり、眼下にはブライデダムを見おろせる。

渓谷の南端にある、God's Window（神の窓）と呼ばれる展望台も人気だ。

展望台はヨハネスブルグからクルーガーへと向かうパノラマルート沿いにあるので、途中に立ち寄るツアーも少なくない。

↑奇妙な形の岩山、スリーロンダベルズ

108

モホロホロ野生動物リハビリテーションセンター
Moholoholo Wildlife Rehabilitation Centre

どうぶつに大接近。おさわりOK　　　　　　　　　　33頁地図 ⑭

どんなところ？

　密猟の犠牲となった野生どうぶつを保護し、野生に戻す活動をしている保護施設。

　まずは小さな博物館を見学。どうぶつ達がどのようにして密猟の罠にかかってしまったのか、写真や剥製で知るための施設だが、かなり悲しい現実を突きつけられる。その後再び映像を見ながら野生どうぶつの現状について聞き、いよいよどうぶつ達がいるエリアへ。

　ここでのメインイベントのひとつは、チーターとの記念撮影だろう。サファリで野生のチーターを見ているならば、すっかり人間慣れしてしまったチーターを見るのは、ちょっと残念な気もするが、

↑人馴れしたチーター。体にタッチできる。チーターの毛皮の手触りを感じてみて！

人間の手を借りないと生きられないのが現状なのだ。

　2つめのイベントは鷹匠もどきの体験。腕に丈夫なグローブを付け、肉で猛禽類をおびき寄せると、バサバサと飛んできて腕に留まってくれる。

　どうぶつ達はすべて檻の中だが、サファリではなかなか見られない夜行性どうぶつも間近に見られる。

↑鷹匠体験。猛禽類の中には体重が5kgあるものもいる。ふんばって！！

※この施設のみを訪れるツアーはないので、クルーガーのツアーをアレンジするときにスケジュールに加えよう。国立公園の中心部や近くの私設保護区を利用するツアーなら、予定に組まれているものもある。

カラハリ トランスフロンティア公園　Kgalagadi Transfrontier Park

秘境の中の秘境でサファリ　　　　　　　　　　　　　　　33 頁地図 ⑮

 どんなところ？ & お楽しみ

↑でっかい空！それがカラハリ。夏の昼間は高温になるので、ロッジで休憩
写真提供：Mitchan

マニアックなサファリファンのフロンティア的存在。人気の観光地から離れているため訪れる人は極めて少ないが、その分まさに秘境だ。

カラハリと言うと赤い砂丘が広がる砂漠をイメージする人も多いだろうが、一帯にはキャメルソーンツリーなどの植物が見られ、たくましい命が息づいている。

南アフリカの北部に位置し、ボツワナにまたがるエリア。どうぶつが比較的見られるのが国境に沿って続く Nossob 川と、Auob 川 の川床 Riverbed。これらの川は"水がない川"で、通常は涸れているが、地下を流れる水が植物を育てている。

乾燥に強いゲムズボック、スプリングボック、エランドなどが生息。もちろんそれらを捕食するヒョウやハイエナ、チーター、ジャッカルなども生息し、特に黒いタテガミが立派なカラハリライオンはサファリ好きの間で人気だ。小さなミーアキャットやオオミミギツネ、他でめったに見られないケープフォックスも生息している。

水が少ない砂漠だが、爬虫類や小型のミーアキャットなどがいるため、ダルマワシ、ソウゲンワシなどの猛禽類が多く生息している。特に雨が降る頃に飛んでくるので、バードウォッチャーなら 1 月～ 3 月がお勧めだ。木々が深く茂っていないので、鳥は観察しやすい。

現地の Scheduled Tour* はほとんど出ていない。ツアー会社に依頼すれば連れて行ってはくれるだろうが、カラハリに詳しいガイドは少ないと思われるので、ツアーは慎重に組もう。レストキャンプのゲームドライブならカラハリに詳しいプロのガイドが案内してくれるが、最低 2 人集まらないと出発しない。

夏は気温 40℃を超えるが、冬は 25℃ぐらい。雨が降るのは 12 月～ 4 月。

季節限定！ ナマクワランド の ワイルドフラワー　Namaqualand

デイジーの花畑で乙女になる♡　　　　　　　　　　　　33 頁地図 ⑯

 どんなところ ？ ＆ お楽しみ

　荒涼とした半砂漠地帯が、春になると一転、色とりどりのワイルドフラワーが咲き乱れる天国に！ 花好きなら１度は訪れたいエリアだ。

　とはいえ旅のスケジュール作りは難しい。開花期は冬の雨量や気温によって異なり予測しずらいが、花のシーズンは人気があるため、ホテルなどは早めに予約しないと埋まってしまうからだ。目安は８月中旬〜９月中旬。北から咲き始めるので、ケープタウンから出発するなら、とりあえずスプリングボックに出てしまい、花を追いながら戻ってくるのが良いだろう。

　現地のツアーは４泊５日ぐらい。

Choco's 季節限定！ジャカランダシティ プレトリア

春はお花見。パープルが満開

Jacaranda City (Pretoria)　33 頁地図　⑰

 どんなところ＆お楽しみ

"ジャカランダシティ"とは行政首都であるプレトリアの愛称。春（9 中旬〜10 月下旬）になると街路樹のジャカランダがいっせいに花を咲かせ、街中が紫色に染まることから、"ジャカランダシティ"と呼ばれ、親しまれているのだ。

1828 年、リオデジャネイロから 2 本の苗木が輸入されたのが始まりで、現在およそ 7 万本のジャカランダが街を彩っている。プレトリアのラジオ局がジャカランダ FM と名づけられるなど、地元の人達にも愛されている花だが、日本のように"お花見"の習慣はなく、「毎年ジャカランダの季節になると、大勢の日本人がプレトリアにやってくる」と驚かれるほど日本人観光客は多い。

地元の学生達の間では、「ジャカランダの花が頭の上に落ちたら試験に合格できる」という言い伝えがあるそうだ。

ジャカランダは外来種のため、新たな植樹は禁止されているという。紫に染まる町並みを楽しめるのは、残念ながら今のうちなのかもしれない。

※この街は 2005 年にツワネ Tshwane と改名されたが、今でもプレトリアの名で親しまれている。

ジャカランダ Jacaranda

ノウゼンカズラ科。原産地は南アメリカ。約 50 種が知られ、プレトリアで見られるものは学名 *mimosifolia*。雨季の前に紫の花を一斉に咲かせ、花が散り始めると桜のように緑の葉が見られるようになる。10m 〜 15m になる高木。

↑ホワイトジャカランダが咲く Herbert Baker St. から見た街の一角

↑ジャカランダは原産地南米の言葉の"フレグランス"が語源。花の香りも楽しもう

観光地ガイド

↓ Beckett St.

↓ Government Ave. の並木

ここは高台。ジャカランダが
咲く町並みを見渡せる
Union Building

観光バスも来る
人気の通り

Government — 3列の並木が続く

マンデラ元大統領像

Zeederberg

Backwood

Pine

Beckett

East

この通りも
おすすめ

Stanza Bopape

Lisdogan

Balmoral

Dumbarton

ショッピング
センター

シェラトンH.

Art Museum

Pretorius

Farenden

Eastwood

Orient

Levds

Wessels

Johan

Francis Baard
(Schaeman)

Arcadia
Park

Arcadia

Park

Bourke

私自身はこのマップを作
るために1人で歩き回っ
ていたけれど、個人で
回る場合は人通りが少
ない所など、治安には
充分注意してね。

Choco's

道幅は広いが満開時には
トンネルになる。

STANZA BOPAPE ST
FARENDEN ST

※ Stanza Bopape St. は旧 Church St.。2012 年に
改名された（Nelson Mandela Dr. より東側）。Church
St. のままの地図やガイドブックがあるが、現地のスト
リートサインは Stanza Bopape St. なので注意。

40

STOP

Farenden St. →

114

街のどこを歩いてもほぼジャカランダは見られるが、お勧めはユニオンビルからその南東の一帯（左地図）。特にBeckett St. は観光バスもやってくる人気の道だ。ゆるい坂道で道幅が狭いため、ジャカランダのトンネルができる。

Government Ave. は車道と歩道の間にも植えられていて3列の並木が続く。私のお勧めは Eastwood St.。満開時にはトンネルになり、観光客はほぼいない。Farenden St. も見事な並木道だ。どちらも車が頻繁に通るので、迷惑にならないように。

町の南部には白い花をつけるホワ

芝生に入らないで！

ジャカランダ並木は観光のための施設ではなく一般の道路。特に多くの見物人が集まる Beckett St. は民家が並ぶ小道だ。進入禁止のロープが張られていたり、張り紙があるなど、住人はかなり迷惑している様子。静かに見学し、並木の芝生には入らないように気をつけよう。

イトジャカランダが咲く一角もある（113頁地図）。この通りと、その北のKlapperkop Nature Reserve は高台で、紫に染まる街を見渡すことができる。個人で行くなら、信頼できるタクシーを呼んでもらおう。

ナミビアのジャカランダ

木の数こそ少ないが、ナミビアのウィントフックでもジャカランダが満開。町のランドマークである教会の近くには、ホワイトジャカランダとパープルが交互に植えられた並木道もある。また、独立博物館（無料）の展望エレベーターから、町とジャカランダを見おろすことができる。

←ホワイトと紫の並木道。見物人も少なくて静か

Town Map **デイツアーの拠点、観光の宝庫**
ケープタウン & ケープ半島 早分かりマップ

年末年始はケープ半島のベストシーズン！

① ライオンズヘッド
② シグナルヒル → 124 頁
③ **ロベン島** マンデラ元大統領がアパルトヘイト政策時代に投獄されていた監獄がある島。
④ 町の中心地 → 205、207 頁地図
⑤ **V&A ウォーターフロント** → 138 頁
⑥ スタジアム
⑦ テーブルマウンテン → 118 頁
⑧ The Castle of Good Hope
⑨ カーステンボッシュ植物園 → 137 頁
⑩ ボ・カープ地区 → 140 頁
⑪ デビルスピーク

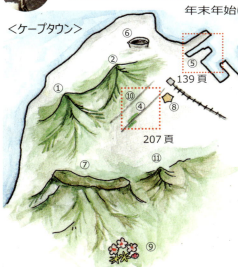

117

テーブルマウンテン

Table Mountain

116 頁地図 ⑦

ケープタウンのシンボル。山頂はまっ平 ♪

 どんなところ？

 双眼鏡があると◎
頂上からケープタウンの街を一望できる。サファリ用の双眼鏡があるなら、ぜひてっぺんに持って行こう。

　高さ約 1085 m、山のてっぺんは真っ平なテーブル状。ケープタウンの町を見守るように、どーんとそびえた特徴的なこの山は、間違いなくこの町のシンボルだろう。そして観光のハイライト！ケーブルウェイで頂上に登れば、ケープタウンの町並みが丸々見渡せ、下から山を仰ぎ見れば、その奇妙で壮大な姿に大自然の不思議を実感することだろう。この山は世界の"新自然七不思議"に選ばれている。

　晴れた日であっても、テーブルマウンテンの山頂を雲が覆ってしまうと、頂上の展望台は霧の中。視界はゼロとなってしまう。しかし残念ばかりではない。こんな日は地上から楽しもう。強風が吹きつけ、雲がドライアイスの煙のように山頂から流れ落ちてくる様は、まさに自然が作る神秘の光景だ。"テーブル"のトップをカバーすることから、雲がかかった状態はテーブルクロスと呼ばれている。

　天気や時間、季節によって様々な表情を見せるこの山は、町のどこにいても、つい目を奪われてしまう存在だ。

↑頂上に雲がかかっていなければ、展望台からの視界は良好。テーブルマウンテン日和だ

テーブルマウンテンのお楽しみ

1 ケーブルウェイでてっぺんへ

ふもとの標高約 300 m 地点から頂上 1085 m まで、ケーブルウェイ Cableway で楽々登れる。360 度回転しながら上昇するので、どこに立っても全員が山や町の景色を楽しめる。街の光景を眺めるのも楽しいが、山側には、自力で登っている元気なハイカー達の姿も見られるだろう。ぐんぐんと上昇していくと、町に向かって左手に見えてくる青い海と白いビーチはキャンプスベイ。海岸沿いはハリウッドセレブも別荘を持つと言われる高級住宅地だ。

窓ガラスが曇っていてちょっと視界が悪いのが残念だが、大丈夫。その光景はてっぺんに着けば 100％満喫できるから焦らないで！頂上まで約 5 分。ケーブルウェイは確か 3 回転。

2 頂上は爽快♪

ケーブルウェイを降りて左手に進むと、街側を眺めらる展望ポイントだ。ケープ湾に浮かぶロベン島や、サッカーのワールドカップでブブゼラが鳴り響いたあのスタジアムや五角形の要塞 Castle of Good Hope などが見られる。左手に見えるとんがり山はライオンズヘッド、そのお尻部分がシグナルヒルだ。右側に連なって見える山はデビルスピーク（116 頁写真参照）。

頂上には 3 つの遊歩道 Trail が敷かれている。短いコースは 15 分だが、1 番長いコースを歩くと 45 分かかる。ツアーの場合は時間配分を考慮して歩こう。

雲に覆われた日は、視界が 5 m ほどのこともある。遊歩道に沿って歩いていても遭難するかも!? これも結構楽しい。

↑360 度回転しながら上昇するケーブルウェイ。どこに立っても景色が見られる

↑頂上の遊歩道を全部回ると数時間は必要。ポイントを抑えて効率よく歩こう

観光シーズン

1年中楽しめるがベストは夏。

▶夏にあたる11月〜2月は比較的雨が少なく、良い季節だ。頂上の気温は15℃〜27℃で過ごしやすい。

夏には夏だけのお楽しみがあり。

下山のケーブルウェイの最終便は17時〜19時（季節による）だが、11月〜2月の間は延長で、頂上からサンセットや夜景を楽しむことができる。18時以降に登頂できるSunset Specialというチケットなら、料金は昼間の半額。

※12月18日から1月4日頃まで、サンセットは運休（年によって運休日は異なるので、最新情報は要確認）。

※個人でサンセットに行く場合、MyCiti Busはなくなるで、帰りの手段を考えておくこと。下山ケーブルウェイの最終便は20時。

▶冬にあたる5月〜8月頃は、雨が降

↑町が晴れていても、展望台がある頂上に雲がかかっていたら視界は"Poor"

りがちな季節で、特に6月〜7月は降雨量が多い。頂上の天候は変わりやすいので、出発時に晴れていてもフード付きのジャケットにするなど、雨対策をしておこう。真冬（6月頃）でも暖かい日は最高気温約18℃まで上がるが、雨が降ると凍えるほど寒い。雨が降りがちの季節だが、いつも混雑するテーブルマウンテンに人が殺到しないのがこの頃だ。

↑wifiラウンジがあるので、天気が好転するまでのんびり待つことも可能

左：アカオイワビタキ Familia Chat
右：イワハイラックス

観光の拠点 & 現地ツアーについて

観光の拠点：**ケープタウン**（204頁）
町の中心地から近く、ツアーに参加しなくても行ける。

■ MyCiti Bus で行く
市内を走る MyCiti Bus（204頁参照）の106番か107番に乗り、Kloof Nek で下車。ここから1分ほど歩くと無料シャトルバス乗り場 Lower Tafelberg があり、ケーブルウェイ乗り場 Upper Tafelberg まで連れて行ってくれる。

■ City Sightseeing Bus で行く
赤いバス*はケーブルウェイ乗り場まで直通。15分おきに出ている。
※ケーブルウェイの予約も代行。

■ Cable Way ケーブルウェイで登頂
午前中に登ると往復R360だが、13時を過ぎるとR300に値下げ。
※料金は2019年10月1日〜2020年9月30日まで

↑無料シャトルバス乗り場は Kloof Nek で降りて進行方向に進み、左に曲がってすぐ

■ 徒歩で登る
1人では歩かないように。Baz Bus が企画しているハイキングはどうだろう。料金R1＋ガイドさんへのチップ。山は見てのとおり、かなりの急勾配。体力に自信がある人向けだ。

毎週火曜、金曜の朝8時15分にケーブルウェイのチケット売り場横、キオスク前に集合（要予約）。片道2時間半目安。天候によっては中止。
※料金はR1だが、キャンセルの場合は前日午後4時までに伝えないとR100がチャージされる。
※ Baz Bus → 196頁参照
※霧に包まれると方向がまったく分からなくなる。安易に仲間だけで登山しないように。

 テーブルクロスがフォトジェニックなのは夕暮れ時。夕方はこまめに山をチェックしよう。陽が暮れると治安が心配なので、V&A ウォーターフロントから観賞しよう

天気とケーブルウェイの運行状況 & 混雑

　町が晴れていても、山は雲に覆われていることがある。またケーブルウェイは雨だけでなく、強風でも運行中止になってしまう。出発前にテーブルマウンテンの公式サイトで天気とケーブルウェイの運行状況をチェックしておこう。ただし山の天気はコロコロと変わり、週間天気予報は外れがちだ。時間に余裕があれば予備日をとっておくと良いだろう。

　また、同ホームページからチケットの予約も可能。晴れた日はチケット売り場が混雑し、2時間近く並ぶこともある。事前予約しておくと便利だ。長蛇の列に並びながらスマホで予約し、列を抜けていく人もいる。特に混雑するのは夏のピーク時、晴れた日、視界が悪かった日の翌日、週末など。

↑ケーブルウェイが雲の中に吸い込まれていく！こんな天気だと、てっぺんの展望台からの景色はこうなる→春なのに寒い！

Ⓤ http://www.tablemountain.net/

↑貴重な晴れの日に町歩きはもったいない。予定を変更して、即登ろう。特に冬は雨が降りがち。まめに山頂をチェックしていよう

Choco's

↑午後、陽が傾くと、ライオンズヘッドが町に影を作ってしまう。町の景色がきれいに見られるのは午前中

Choco's

SOUTH AFRica

町からテーブルマウンテンを眺めよう！

※シグナルヒルからは、裾野までさえぎるものもなく一望できるが、頂上までのバスはないので、タクシーで行くこと。
※地図内で紹介したスポットであっても、現地で治安の状況を判断するように。
※暗い時間は歩かないように。
※ここ以外からも、もちろん町のあちこちから見られる

Victoria & Alfred Mall

モールの前のこのあたりは、有名な写真スポット。

Bo-Kaapの丘は高台なだけに景色をさえぎる物もなく見晴らしが良い。118頁の写真はここから。

治安が悪そうなので、お勧めはできない某所からの眺め。写真を撮っていると周りが見えなくなるので、充分気をつけて！

Long Market St.
Church St.
Long St.

Campany's Garden
Government Ave
Hatfield St.

リスが棲む公園。端の開けた所からの眺めが良い。

この交差点あたりはデビルスピークからシグナルヒルまで見渡せる。(ビルなど邪魔はちょっとあり)

Orange St.

デビルスピーク　テーブルマウンテン　ライオンズヘッド　シグナルヒル

赤いバスのブルールートがこの道を通る。ルーフ席の右側に座ろう。

Campany's Gardenはビルが裾野を邪魔しないのがGood♪

123

シグナルヒル

Signal Hill

マジックアワーは、ここにしよう

116 頁地図 ②

どんなところ＆お楽しみ

　テーブルマウンテンの北西に位置する丘。標高 350 m。

　町から見えるとんがり頭の小高い山がライオンズヘッド（ライオンの頭）。それに対して低めの丘がライオンズランプ（お尻）の愛称で呼ばれるシグナルヒルだ。この名は湾を航行する船に向け、シグナルの旗を丘の上に掲げていたことに由来するという。

　頂上からの景色は南大西洋と、テーブルマウンテンを背景にしたケープタウンの町並みで有名だ。ここから見るテーブルマウンテンはビルに景色を遮られることがなく、パノラマで楽しめる。

　毎日正午に丘のてっぺんで鳴らされる大砲の音は、ケープタウン名物。1902 年に始まった"ヌーンガン"と呼ばれるこの町の伝統行事だ（日曜祝日以外）。

　シグナルヒルから眺める景色が最も美しいのは、昼間よりも陽が暮れる頃、マジックアワーだろう。海に沈むサンセット観賞ツアーの名所になっている。南大西洋をオレンジ色に染めながら刻々と沈んで行く夕陽で、ライオンズヘッドがシルエットに浮かびあがる。

　週末には観光客ばかりでなく地元の人達も大勢やってきている。用意がいい人達はビニールシート持参で、軽食とワインを味わいながら、のんびりと夕陽を楽しみ、ちょっとしたイベント会場のようだ。

↑左がライオンズヘッド、右がシグナルヒル。テーブルマウンテンの麓から

↑夕陽はどこから観賞してもきれいだけれど、シグナルヒルは名所

陽が暮れても楽しみは続く。昼間、青々とした空が爽やかだったケープタウンの町並みが、シティライトで輝き始めるのだ。柔らかい町の灯火に、一日の終わりと安堵を感じる優しい時間。

見物客は大勢いるが、頂上を離れると人がまったくいなくなるので、個人旅行の人は必ずツアーで行くように。

※晴れた日の週末は頂上への道が大渋滞。夕陽に間に合わなくなり、途中でツアーバスを降りて観賞ポイントまで急いで歩いた。平日がおすすめだ。

↑陽が沈んだ後は夜景。シティライフと大自然の両方を併せ持つ。それがケープタウンの魅力のひとつだ

観光シーズン と 服装

サンセットツアーは夏季のみ運営している。夏なので日が暮れてもシグナルヒル自体はそんなに寒くはないが、赤いバスのツアーの場合、ルーフ席に座ると風に打たれてそこそこ凍える。カーディガン程度は持っておこう。

↑キャンプスベイから見る夕陽も人気。海沿いルートのツアーなら、ちょうど良い頃に通る

観光の拠点＆現地ツアーについて

観光の拠点：**ケープタウン**（204 頁）

　頂上までの交通機関はないので、車がない場合はツアーに参加するかタクシー。夜は町の治安が良くないので、決して個人では行かないように。

■ City Sightseeing Bus（赤いバス）が催行しているサンセットツアーは1人でも参加OK。帰りの暗い時間でも安心だ。約3時間。発着はウォーターフロント。ウォーターフロントからの帰りはタクシーを利用しよう。

■昼間のツアーは無いので、昼に登る場合はタクシーかレンタカーで。

赤いバスのサンセットツアーで行くなら、行きは右に座ると夕陽が沈む海側、帰りは左に座るとシティライト側。混んでいる時は、席は譲り合ってね。

Choco's

125

ボルダーズビーチ　　　　　　　　　　　　Boulders Beach

ヨタヨタのペンギン歩きに癒されよう♪　　　　　　　　　117 頁地図

 どんなところ？

"ペンギンは南極"と思われがちだが、実はアフリカにもペンギンはいる。しかもとても簡単に見られてしまう。それがボルダーズビーチだ。ここで見られるペンギンはケープペンギン。

生息地はアフリカ大陸南部の海岸沿い一帯で、特にケープ半島の東側に位置するここボルダーズビーチ付近は繁殖地として有名だ。

↑ペンギンコロニーに入場するとビーチのペンギンが見られる。泳ぐ姿もかわいい♪

ボルダーズビーチのお楽しみ

★ 1　ここが有名なペンギンコロニー！

ケープペンギンのウォッチングで有名なのが"ボルダーズペンギンコロニー"だ。敷地内にはボードウォークと呼ばれるログ製の道が2本敷かれており、ペンギンを間近に見ることができる。ボードウォークの先には展望台があり、目の前のフォクシービーチには常にたくさんのペンギンがいる。正確に言うとペンギンが多いのはボルダーズビーチではなく、こっちのフォクシービーチだ。

コロニーには観光客が殺到するため、混雑を避けたいならオープンと同時、または夕方のクローズの前が比較的空いている。所要時間は30分～1時間もあれば大丈夫。

```
12月～1月　7：00～19：30
2月～3月　 8：00～18：30
4月～9月　 8：00～17：00
10月～11月 8：00～18：30
入場料：R152（コロニー＋ボルダーズビーチ）
```

→ペンギンの数が多いのは、海から戻ってくる夕方頃

観光地ガイド

⭐ 2 ペンギンと一緒に泳ぐ？歩く？

フォクシービーチの東側にあるビーチが本家本元ボルダーズビーチだ。ここは遊泳可能。といっても水は冷たいけれど。時々ここにもペンギンがやってくるので、運が良ければペンギンと泳げるかもしれない。特にペンギンが多い時期が狙い目だ（下のカレンダー参照）。ペンギンが寄ってきたら道をあけ、絶対に触らないこと！

また、ボルダーズビーチのさらに東に行くと Burghers Walk（127頁地図）という遊歩道がある。入り口にドアがあるので、入ってもいいか近くにいる係の人に聞いてみよう。ここはビーチと遊歩道の間に柵がないので、ペンギンが歩道にあがってくることもある。ただし道を反れてビーチには入らないように。

⭐ 3 コロニーの外にもペンギンはいる

ペンギンはコロニーの外にももちろんいる。時間があれば東側の駐車場へも行ってみよう。無防備にその辺をペタペタと歩いて姿は笑える♪　コロニーの入場口から東の駐車場を結ぶ Penguin Viewing Path と呼ばれる遊歩道でも、意外とたくさん見ることができる。ペンギンはビーチから少し離れた陸に巣穴をつくるので、ヒナが生まれるシーズンは、コロニー内よりも間近に見られるかも。

ケープペンギン Cape Penguin

別名アフリカペンギン。鳴き声がロバのようだということからジャッカス（ロバ）ペンギンとも呼ばれている。重油流出事故やペンギンの食糧であるイワシを人間が乱獲したことにより数を減らしている絶滅危惧種だ。体長約70㎝。

観光シーズン

ペンギンは昼間、餌食のために海に出ていてビーチには少なめ。夕方になると戻ってくるのでたくさん見られる。換羽期や繁殖期は日中でもビーチにたくさんいる。

観光の拠点 & 現地ツアーについて

観光の拠点：**ケープタウン**（204 頁）

■ **1day 半島ツアーで行く**
　ツアーで行く場合は、喜望峰まで足を伸ばす半島ツアーに参加する。通常コロニーの入場料は含まれない。ボルダーズの滞在時間は 30 分～ 1 時間しかないので、時間配分に注意しよう。駐車場から入場口まで歩くと結構かかる。

■ **ローカル電車で行く**
（治安上残念ながらお勧めはできないが、利用するのであれば充分気をつけて）

　最寄駅はサイモンズタウン。ケープタウン駅（207 頁地図）から乗って終点がサイモンズタウン駅。所要約 1 時間。ケープタウン駅のチケット売り場のすぐ横にインフォメーションデスクがあるので、出発時間とプラットフォームを確認しよう。

　ミューゼンバーグ駅 Muizenberg を出ると線路は海岸と平行になり、波しぶきがかかるのではと思うぐらい海の際を走る。ボルダーズペンギンコロニーは駅から約 1.6 km。歩ける距離だが、電車を降りればタクシーが客引きにくるだろう。

※電車に観光客はほぼ乗っていない。
※ペンギンを見るなら Betty's Bay にもペンギンコロニーがある。ここよりもペンギンの数は少ないが、空いていて穴場（136 頁）。

喜望峰&ケープポイント

Cape of Good Hope & Cape Point

実はアフリカ最南端じゃないけどね (̄□ ̄;)！

117頁地図

どんなところ？

「アフリカ大陸の最南端！」と思われがちの喜望峰だが、実は最南端は150kmほど南東のアグラス岬で、喜望峰はケープ半島の最南端だ。さらに厳密に言うと、喜望峰の東に位置するケープポイントの方が若干南に位置する。

ポルトガル人の航海士バルトロメウ・ディアスが初めて喜望峰に到達したのは今から500年以上も前の1488年。当時の航海士達を大いに苦しめた大洋から吹き付ける強風から、ディアスはこの地を"嵐の岬"と呼んだという。しかしインドへの航路の開拓に希望を抱いていた王が"Cape Of Good Hope 喜望峰"と改めたと言われている。その後ヴァスコ・ダ・ガマの挑戦により、ケープポイントを越えてインドまでの航路が開拓された。

ちなみに海から吹きつける強風は、汚れた空気や疫病を吹き飛ばしてくれる風として、地元では"ケープドクター"と呼ばれている。春先から夏の終わりの間、吹き荒れる日がある。

↑旧灯台からの眺め。奥の岬が喜望峰。手前のビーチは喜望峰発見者の名に因んだDias Beach

↑旧灯台 Old Lighthouse。大海原を臨める上からの景色は爽快！遊歩道を15分歩いて登ろう。楽したい人はケーブルカーでどーぞ♪

South Africa

ケープ半島の先端
喜望峰と
ケープポイント MAP

喜望峰〜ケープポイントへの
遊歩道は片道約30分。
海側の景色も良いが、
陸地側を探すと、ダチョウや
エランドが見られることも
ある。

旧灯台までケーブルカー
で3分。歩いて15分。

バブーン出没注意

…走って10分!

Old Lighthouse
現在は使われていない旧灯台。

霧が立ち込めるとこの先の
ケープポイントが見えず、船が
岬に激突。そこで岬の先端に
新しい灯台が作られた。

南大西洋

レストラン、
軽食販売あり

遊歩道

こっちが
New!
Lighthouse
ここがホントの
ケープ半島の
先っぽ

喜望峰

Dias Beach
ビーチに下りる道あり。
でも、上るのキツイよっ!

8月〜11月ならクジラ
が見られる可能性あり
ミナミセミクジラが
回遊している

崖ぷちにも
一切柵はない。
下をのぞき込
むと吸い込ま
れそうになるほ
ど高いので気
をつけてね!

ケープポイント
ツアーだと先端まで
行っている時間はない
かも。往復1時間半
くらいかかる

131

喜望峰＆ケープポイントのお楽しみ

★1 やっほー！喜望峰を一望

かの有名な喜望峰を眺めることができるのがケープポイント。喜望峰の名のほうが知られているが、岬に灯台が設置され、レストランや土産物屋があるなど、にぎやかなのはこっちの方だ。標高は喜望峰よりも高く、眼下には白い砂のディアスビーチも見られる。

しばしばケープポイントは、「大西洋とインド洋が交わる地点」、と説明されている。右手に南大西洋、左がインド洋という地球規模の雄大な景色が堪能できる場所だというのだが、厳密に言うと国際水路機関で定められた2つの大洋の境目はアグラス岬だ。

頂上の旧灯台 Old Lighthouse まで駐車場から歩いて約15分。ケーブルカー Flying Duchman Funicular なら3分。

★2 憧れの喜望峰に立つ！

「ついにアフリカ大陸の果てまでやって来た！」という気分を盛り上げてくれる喜望峰。荒く激しい波が打ち寄せ、ゴツゴツとした岩が転がり、そして人工的な遊歩道や建物がまったくなく、まさにアフリカの果ての地。海の向こうは南極だ！

ハイシーズンには看板の前で写真を撮る長い行列ができ、自撮り、集合写真撮影とにぎやかだが、しんみりと荒れた海を眺め、大航海時代の冒険者達に思いを馳せてみよう。ここはインドへの航路を切り開くために、死も覚悟で乗り越えなくてはならなかった過酷なターニングポイントだった所なのだ。

浅瀬の小島を見ると、オットセイがいるかもしれない。

観光地ガイド

↑「ロンドンまで9623m」のサイン。晴れた日は気持ちが良いが、夏でも上着を持っていこう

↑「アフリカ大陸の最南西ポイント」と書いてある。"最南"じゃないのだ

3 南大西洋を眺めながら、散歩

喜望峰とケープポイントは車で5分ほどの距離だが、2つを結ぶ遊歩道があり、景色を見ながらのんびり歩ける。

中間地点のディアスビーチの上あたりからの景色は絶景だ。左手にケープポイント、右手に喜望峰。そして眼下には白い砂浜ディアスビーチが臨める。

ツアーならケープポイントでバスを降りてフリータイムだろう。そのままケープポイントで集合し、バスで喜望峰まで移動してもいいし、遊歩道を歩いて喜望峰でピックアップも可能。つまり喜望峰まで歩いたら、戻らなくてもOK。各ツ

↑ケープポイントから喜望峰まではのんびり歩いて30分ぐらい

アーによるので、ピックアップ場所と集合時間は要確認。遊歩道はログが敷かれて歩きやすいが、喜望峰の手前で少しだけアップダウンの階段が続く。

観光シーズン

1年中楽しめるが、晴れの日が多いのは夏にあたる11月〜3月。しかし天気は変わりやすい。また、夏は観光シーズンのため、喜望峰の看板で記念撮影をする長い列ができるかもしれない。

冬は雨が降りやすく風も強いので、暖かい服に加え、レインコートを持っていこう。

春にあたる9月頃は多くの花が咲き、景色も良い頃。ケープ半島は"ケープ植物区保護地域群"に指定されていて、1000種を超える原産植物が自生しているエリアなのだ。

6月〜10月には、運が良ければ大海にクジラが見られるかもしれない。

観光の拠点＆現地ツアーについて

観光の拠点：**ケープタウン**（204頁）

喜望峰への公共の交通機関はないため、車がない場合はツアーに参加する。

ケープタウン発の半島ツアーは多くのツアー会社で催行されているが、内容は微妙に異なる。帰りにカーステンボッシュ植物園に立ち寄るコースもあるが、滞在時間は短めだ。その分ケープポイントの滞在時間が短くなるだろう。ボルダーズビーチの滞在が30分しかないなど様々なので、何に重点を置くかによってツアーを選ぼう。ツアーは通常最低2人から催行。1人旅なら参加者が集まっている日にちを問い合わせよう。赤いバスの半島ツアーは1人旅でも参加OK。

133

期間限定 ハマナスのホエールウォッチング　　　Hermanus

年に1度のお楽しみ。クジラがやってくる町

 どんなところ＆お楽しみ

ボートに乗ってクジラを見に行くホエールウォッチングは世界のあちこちで体験できるが、岸から、しかもこんなに近くに巨大なクジラが見られるポイントはそうそうないだろう。WWF（世界自然保護基金）が選ぶホエールウォッチングのベストポイント12のひとつに、堂々選ばれた。

クジラがハマナス周辺に回遊してくるのは、6月～11月。ピークは9月～10月。ここで見られるクジラは主にミナミセミクジラだ。

海岸沿いには遊歩道があり、のんびり散歩しながらホエールウォッチングが楽しめる。コーヒーを持って海岸沿いに腰をかけ、クジラの登場を待つのも楽しい。クジラが姿を現せば双眼鏡を持った人々が続々と集まってくるだろう。1度に2頭、3頭と出現することがあれば、子連れがやってくることもある。

1992年に始まったホエールフェスティバルは毎年9月の終わり頃に開催され、町はホエールウォッチングのお客さん大歓迎のムードで盛り上がる。

ミナミセミクジラについて詳しく知りたければクジラの博物館、Whale Museum in Hermanusを訪れよう。場所は海岸沿いのMarine Dr. × Market Square St.大きなクジラのオブジェが目印。

↑陸から撮った写真（400㎜）。陸の近くまでやってくることも珍しくない

↑ボートクルーズで海に繰り出さなくても、岸から肉眼でバッチリ見られる

ミナミセミクジラ　Southern Right Whale

体長は約17m。体重90t。寿命は50年から、長生きな個体は100年も生きるという。海岸近くまでやってきたり、泳ぎが遅かったり、人間にとっては捕獲しやすい好都合なクジラだったためRhight Whaleと名づけられた。そのため1800年代に大幅に数を減らしたが、1937年から保護対象となり、現在は回復しつつあるという。トリビア的な生態をいうと、世界一大きな睾丸を持つ哺乳類だ。

↑岸からウォッチングできるけれど、ボートに乗れば、こんなに大接近！

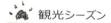 観光シーズン

ホエールウォッチングのシーズンは6月初旬〜11月下旬。この時期は冬にあたり、最低気温は10℃を下回る。昼間でも17℃ぐらい。特に7月〜8月が気温が低い頃だ。太陽が出ていれば過ごしやすいが、陽がかげればひんやり。ボートに乗るなら、特に曇っている日や朝はジャケットを持って行こう。

観光の拠点＆現地ツアーについて

観光の拠点：**ケープタウン**（204頁）

車で約1時間半。ウォッチングシーズンにはデイツアーが出ているが、ツアー料金にはボートクルーズが含まれないものが多い。含まれない場合は、ハマナスに到着してからガイドさんが申し込みなど手続きを手伝ってくれるだろう。

ハマナス発のアクティビティにはシーカヤックやヘリコプターツアーもある。ツアーだと時間が足りないかもしれないので、希望ならツアーに申し込む前に参加可能か確認しよう。途中時間があればBetty's Bay（136頁）でペンギンが見られるコースや、ハマナス近郊のワイナリーを訪れるオプションを用意しているコースもあり。昼食は含まれないツアーが多いが、海岸沿いにはレストランやカフェが多く並んでいるので、好みのレストランでシーフードやワインを堪能できるだろう。双眼鏡を持っていこう。

↑ハマナスの海岸沿いは、ホエールウォッチング客でにぎわう。シーズン中はうきうき♪

ベティーズベイ（Stony Point Penguin Colony） Betty's Bay

ペンギンウォッチングの穴場

どんなところ＆お楽しみ

　ケープタウンから東に約100km、車で2時間弱。フォルスベイを越えた先のベティーズベイには、ケープペンギンの保護地ストーニーポイント ペンギンコロニーがある。

　ここはあまり知られていないのか、アクセスが悪いからか、観光客が非常に少なく、ゆっくりとペンギンが見られるのが嬉しい。しかもボードウォークは波打ち際から遠くないため、ペンギンも間近だ。入場料もボルダーズの半額以下。いつも激混みのボルダーズビーチよりこっちのほうが良かった！という声も多数の穴場なのだ。

　ボルダーズビーチよりペンギンの数は少ないが、10月初旬に訪れた時は、ざっと数えて300羽ぐらい。保護区の外の駐車場付近でも20羽ほど見られた。この時期はペンギンが少ない時期で、海に出ている時間だった。

　ケープタウン発のホエールウォッチングツアーで、ハマナスに向かう途中に立ち寄るものもある。30分あれば充分見られるので、ハマナスに行くならベティーズベイ込みのツアーを探すといいだろう。個人で行くには車が必要。

※ペンギンの赤ちゃん誕生時期など、生息状況は128頁のカレンダー参照。

| Open：8：00～16：30
入場料：R25

↑ボードウォークが波打ち際に近いため、ペンギンも間近に見られる

↑ここは砂浜ではなく、岩がゴツゴツした環境

カーステンボッシュ植物園

Kirstenbosch National Botanical Garden

アフリカのカラフルな花畑　116頁地図 ⑨
世界自然遺産

 どんなところ＆お楽しみ

ケープ半島から海岸沿いに東に向かい、ポートエリザベスあたりまでは、"ケープ植物区保護地域群" Cape Flora Region として、2004年、世界自然遺産に登録された。ここはアフリカ大陸全体のほんの3.8%に過ぎないエリアだが、アフリカに生息する植物の20%近くが見られるという、植物のホットスポットなのだ。カーステンボッシュはこの恵まれた自然環境に作られた広大な植物園。花ばかりでなく木々も茂り緑豊かだ。空中散歩が楽しめるキャノピーウォークやレストランもあるので、のんびり過ごしたい時にも最適。

1年中楽しめるが、春が訪れる8月中

旬〜10月下旬に咲く花は多い。南アフリカの国花であるプロテアが咲くのは6月〜8月頃。時間があまりない場合は、Annuals や Peninsula Garden がお勧め。Annuals はデイジー等が咲き乱れる見晴らしの良い花畑。Peninsula Garden はケープ半島で見られる植物のエリアだ。漢方などに使われる植物が植えられた Useful Plants の庭は、鳥達も効能を知っているのか、多くの鳥が飛び交っている。地図は受付で販売している。園内にもボードマップあり。
※アクセスはケープタウン中心部からタクシーか赤いバスで。

9月〜3月　8：00〜19：00、
4月〜8月　8：00〜18：00
入場料：R70

↑園内には普段は見られない樹冠を観察できるキャノピーウォークがある

Break Time 大自然の旅をちょっと休憩
V&A ウォーターフロントでシティライフを楽しもう

V&A Waterfront　116 頁地図 ⑤

ウォーターフロントは南アフリカの豊かな生活が垣間見られるショッピングモールやレストラン、土産物屋などが並び、観光客ばかりでなく地元の人達でもにぎわう"みなとみらい横浜"のアフリカバージョンみたいな所。水族館、観覧車、ボートツアーなどの遊びも楽しめる。ショッピングセンターの海側は見晴らしの良いレストランが並び、もちろんテーブルマウンテンも見える。

↑澄み切った青い空が気持ち良い港町。ランドマークの観覧車には VIP 席がある

※ V & A は、正式には Victoria & Alfred。略して V&A。

V&A ウォーターフロントへのアクセス

■ MyCiti Bus で行く

V&A ウォーターフロントに停車するのは T01 番と 104 番。

町の中心部から T01 番に乗るなら停留所は Civic Center か Thibault Square。

104 番は町の中心部～ウォーターフロントを結び、さらに海岸エリアまで行くルート。中心部から乗るなら停留所は Civic Center。

■ City Sightseeing Bus で行く

赤いバス * はウォータフロント発着。時計回りだけなので、ロング St.（町中心部）から乗車した場合、町をぐるっと回って終点のウォーターフロントまで約 1 時間かかる。ワイナリー方面を回るルートだとと約 2 時間。

■タクシーで行く

街の中心部のロング St. や駅周辺から R30 ぐらい～。夜はちょっと高くなる。メーターがついていないタクシーが多いので、信頼できるタクシーはホテルで呼んでもらおう。ウォーターフロント内なら治安の心配はないが、夜に街へ戻る時はタクシーを利用しよう。

Break Time パステルカラーの町並みにうきうき♪
ボ・カープ地区 Bo-Kaap を訪ねよう

Bo-Kaap (Malay Quarter) 205頁地図

1760年代のオランダ統治時代、労働力としてマレーシアやインド、アフリカの他地域から連れてこられた人々（ケープマレーと呼ばれる）の町。

家々の壁がそれぞれ違うパステルカラーにペイントされ、ケープタウンの町のこの一角だけが絵本のような世界になっている。

もともと労働者の賃貸住居の外壁は、白に統一することが義務付けられていた。しかしそのルールが撤廃され、彼らが家を持つ権利を得たことから、持ち家を好きな色で染めることにより、自由を表現したのだという。

地域は普通の住宅街で、入場料などはない。観光客は多いが、住民のご迷惑に

↑淡いパステルカラーが魅力なので、晴れて明るく、空が青い日がお勧めだ

ならないように気をつけよう。

ケープマレーの人々の歴史をもっと知りたければ、博物館 Bo-Kaap Museam を訪れよう。地域を案内する無料ガイドツアーもある。

■ Bo-Kaap Museum
ボカープ地区の Wale St.
■無料ガイドツアー……1日3回、Long St. の赤いバスのチケット売り場から出発。スケジュールはチケット売り場で。無料だが、ガイドさんにチップを。

↑パステルカラーだけでなく、玄関のドアを活かしたこんなデザインの家もある

野生どうぶつ＆鳥ガイド

Animal & Bird

「このどうぶつは何？」分かってみるとサファリはぐーーんと楽しくなる。ライオンやゾウばかりでなく、砂漠の住人ゲムズボックや、大きなツノがかっこいいセーブルアンテロープ、小動物にも目を向けてみよう。

Choco's ゲームドライブでどうぶつ探し……のコツ！

車があれば自分で運転して自由にセルフドライブができるのが、南部アフリカのサファリの魅力のひとつだ。ここではどうぶつ探しの基本から、ちょっとしたコツをご紹介。ガイド付きのサファリでも、自分で見つけると嬉しいよ♪

その1 目撃マップをチェック

出発前に国立公園のレセプションで情報を入手しよう。目撃情報が地図やノートに記されている。チーターは移動性が強いので難しいが、ライオンはあまり動かず寝ていることが多いので、見られる可能性あり。時間差があるので大きな期待はできないが、とりあえず目撃多発地を目的地にして、どうぶつを探しながら向かおう。

※クルーガーNPの目撃情報が分かるアプリもある。私は利用したことがないので評価はできないが、興味があれば検索してみて。

クルーガーNPの目撃マップ。ビッグ5とチーターが記されている

スマホで撮っておこう

その2 サファリカーが集まっていたらチャンス！

車が何台か止まっていれば、何かどうぶつを見ているということだ。素通りしないで便乗させてもらおう。イボイノシシやヌーなど草食獣のこともあるけれど、車の台数が多ければライオンやヒョウの可能性は高い。

期待して行ってみるとイボっち、なんてこともあるけれど 笑

遠くからでは分からないけれど木の根元にオスライオン2頭 ↓

こういう状態。きっと何かいる！

142

ゲームドライブ中、すれ違う車に声をかけて、どうぶつの目撃情報を交換しよう。ビッグ5、チーター、ワイルドドッグなどが見たい気持ちはみんな同じだ。声を掛けて嫌な顔をする人はいない。こちらも持っている情報があれば教えてあげよう。プロが案内しているオープン車なら大物の情報を持っている可能性は高い。もちろん一般車でもこまめに声をかけてみて！

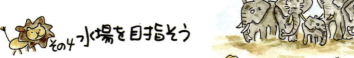

ゲームドライブの基本中の基本。川やダム、ウォーターホールにはどうぶつがいる確率が高い。特に乾季は大地が涸れてくるので、貴重な水場には次々と群れが現れて大軍団になっていることもある。たとえいなくても、しばらく待ってみよう。サファリは"待ち"も大事。

143

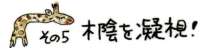
その5 木陰を凝視！

ありがちな木陰。どうぶつにとって、強烈な陽射しから身を守るシェルターだ。

木の下は影で暗く見にくいけれど、そんな所こそ要チェック！陽射しが強い日中はライオンが涼んでいることがある。乾季は草が枯れて、ライオンの体色とそっくりになっている。枯れ草色に身を隠蔽しているので、だまされないで、見抜いてやろう。

ほらっ

覗き込んでみよう

あち〜
キングも暑さには参っている

その6 ちゃっかり者を探そう

道路まで飛び出してくるから見つけやすいベルベットモンキー。一方、木々に隠れて見つけにくいブッシュバック。もしベルベットモンキーの群れがいたら、もしかしたら近くにブッシュバックが隠れているかもしれない。木の上で新芽や果実をとって食べてはポイッと捨てる彼らの近くにいれば、そのおこぼれをいただけるのを知っているのだ。同様にライオンが食事をしているときは、ハイエナやジャッカルが忍び寄っている可能性あり。周りのヤブなどを見てみよう。

ぽいっ
ブッシュバックの生息圏は森の中
木々が多い所でベルベットモンキーに会ったら、もしかして…
イボイノシシもちゃっかり

その7 草食獣は群れる！

ブッシュランドと呼ばれる低木が茂るエリアは見晴らしが悪いけれど、時々クドゥなどが車道を横切ることがある。すぐにヤブの中に消えてしまうだろうが、そんな時は入っていったヤブの中をのぞき込んでもムダ。それより、出てきた方のヤブにカメラを向けよう。草食獣は群れで行動しているから、きっと仲間が続いて出てくる。

その8 アラームコールを聞こう

どうぶつ達が発する警戒音 Alarm Call は肉食獣を見つける大きなサイン。もしインパラが警戒音を発していたら、私達には見えないヒョウの存在に気づいているのかもしれない。地上性の鳥が繰り返しアラームコールを発していたら、たいていはヘビかマングースだが、サーバルなど小型のネコがいる可能性だって捨てきれない。ヤブの中を探してみよう。またそこに真新しい足跡を発見できれば、きっと近くにいる。

あっ / すぐに隠れちゃう

こんな時はヤブに入ったのを追ってもほぼ無理 / 出てきた方のヤブに注目しよう

ほらね♪ / わ〜い わ〜い ん〜

草食獣は群れで行動している / ちくしょー出てこい / あの… / 単独のオスだと続かない。メスなら、ね。

じゃっがっ / この中間みたいな声が何度か聞こえたらもしや……？ / 仲間も緊張 / じゃじゃじゃじゃ / 短く何度も繰り返していたら… / ヘビ？サーバル！？

きゃん ひきゃん / 犬みたいな声

その9 ちょっとした異変、もしかしたら…

不自然に道路が濡れている、草がなぎ倒されているなど、ちょっとした「あれ？何これ」という異変に敏感になって確かめてみると、案外何かがいるかもしれない。ロッジの庭やキャンプでは、音にも敏感になろう。

車を止めて土手の下をのぞき込むと…ゾウがいた♪

こういうこと

道の脇がヤブ地や土手だと視界が悪いので、ちょっとしたサインに敏感に！

その10 足跡をチェック

どうぶつを探しながら運転しているガイドさんは、左右前方だけでなく、常にチラチラと下を見ている。道路に残された足跡を探しているのだ。時にはくっきりとライオンの足跡がついていることもある。私達の目にも分かるぐらいはっきりした足跡なら、まだ新しい。近くにいる可能性も捨てきれない。

ライオン	チーター	ブチハイエナ	サイ
大きいからすぐ分かる	小さめでツメがある	肉付きが良い感じ	サイは奇蹄目。ヒヅメが3つ（奇数）

ヤブの中は見にくいけれど、足跡があれば近くにいるかも

その11 環境別に攻略

目を皿にして闇雲に探すより、「こんな所にはこんなどうぶつがいそうだ」と意識して探すと効率的。どうぶつの生態や生息環境を考えると、注目すべきピンポイントやターゲットが分かってくる。148頁からのどうぶつガイドもご参考に。

アリ塚にはマングースがいるかも

大きなアリ塚は様々などうぶつが好んで巣穴にする。

ゾウはアリ塚にもたれて寝ている。横になると体重が内臓の負担になるからね

大きな穴があいていたらイボイノシシやハイエナが棲んでいるかも。🐾があれば現在利用中。

岩山はどうぶつの住み家

ハイラックスや爬虫類が棲んでいるから、猛禽類もやってくる

クリップスプリンガーは、岩山の生活者

イワハイラックスは岩の隙間で夜を過ごし、朝になると出てくる。午前10時頃は日向ぼっこタイム

↑どこにいるか探してね

木の上はヒョウのお昼寝スポット

サファリカーが何台か止まっているのに何もいなかったら、木の上かもしれない

潅木はちび達の隠れ家

低い木の中にはスティーンボックやディクディクが隠れているかも。道路際にもやってくる♪

アフリカゾウ

African Elephant

Loxodonta africana

Big5

体重 4000 kg 以上、身長 3 m の巨体が群れをなして悠々と車道を横切る、キャンプサイトに現れる！アフリカ旅行のハイライトは、やはり地上最大の生物アフリカゾウとの遭遇だろう。大きな体を維持するため、毎日 200 ℓ の水、140 kg 以上の草を必要とし、昼間は食料を求めて歩き回っている。

群れを作って行動しているのは全てメス達（オスの子供は含む）。オスは成長すると群れを出て、単独行動か小さな群れで暮らすようになる。成獣になってもゾウは成長し続けるため、群れの中で一番大きいのを見つけたら、それが長老でリーダーということだ。

視力に乏しいが臭覚に優れ、あたりの状況は匂いで感知している。こちらに鼻を向けて掲げていたら、私達を"見ている"ということだ。鼻は物をつかんだり、握手をしたり、水浴び、砂浴びをしたり、様々な役割を果たしている。

↑毎日大量の水が必要。水場はウオッチングポイントだ

↑チョベ NP では緑が豊富な中州まで、川を渡ってやってくる

| 体高：3m ～ 4m
| 体重：4 t ～ 6 t

クロサイ＆シロサイ

Black & White Rhinoceros

Diceros bicornis & Ceratotherium simum

Big5

アフリカにはクロサイとシロサイの2種が生息。両者の違いは色ではなく、体はどちらもほぼ同じ色をしている。2種を見分ける時は口元を見よう。クロサイの口は小さく、シロサイは横幅が広い。口がワイドに広がっているほうを、「ワイド、ワイド」と言っているうちに訛って「ホワイト」となり、ホワイトライノー（シロサイ）と呼ぶようになった。「じゃあ、こっちはクロね」と安易にクロサイと呼ぶようになったとか。冗談のような話だが定説になっている。

クロサイもシロサイも視力は弱いが聴力に優れ、ちょっとした音にも敏感。そのうえクロサイは臆病者なので、サファリカーの音で逃げてしまうこともしばしば。静かにウォッチングしよう。

毎日水を必要とするので、水場の近くを探せば目撃率があがるだろう。特に夜に活発になるので、ロッジにウォーターホールがあれば、暗くなってから見に行こう。

ツノが漢方薬などに使われるため、密猟が絶えず、年間700頭以上のサイが殺されているという。絶滅危惧種。

↑クロサイ。口元が細くなっている

↑シロサイ。口元がワイドでホワイト

クロサイ 体長：290cm〜310cm
　　　　 体重：0.7t〜1.6t
シロサイ 体長：370cm〜400cm
　　　　 体重：1.4t〜3t

ライオン Big5

Lion

Panthera leo

アフリカの絶対王者ライオンは、ゲームドライブで見たいどうぶつNo.1。ゲームドライブ用の車は、日本のサファリパークでは考えられない、窓すら無いオープンカーだ。ライオンが車の中の人間をターゲットにすることはまずないが、大きな動きをとったり大声は厳禁。バッファローをも倒すキングだということをお忘れなく。

通常ネコ科のどうぶつは単独主義だけれど、ライオンは例外で、プライドと呼ばれる群れで行動している。プライドは1～数頭のオス、複数のメス、子供達という構成。群れの食料はメスが協力して仕留めたバッファロー（水牛）やヌーなど。オスの仕事は子供達を狙うハイエナや、外部のオスからプライドを守ることだ。しかし、オス同士の戦いに負けてしまうとプライドをのっとられる。この時、新しいボスは前のボスの子を殺してしまう。メスは子どもが死ぬと発情するため、自分の子孫を残すための行動だという。これが"ライオンの子殺し"だ。

↑群れをちょっと離れて繁殖中のカップル

↑尻尾の先の黒い房毛は子供にとって目印。長い草の中を歩いていても、ママがどこにいるか分かる

オス 体長：1.7m～2.5m 体重：150kg～240kg
メス 体長 1.4m～2.2m 体重 120kg～180kg

見せ場は一瞬

ヒョウ Big5　　Leopard

Panthera pardus

目撃率が低いレア者。というのも数が減っているうえ、基本的に単独行動。しかも木々が多く見晴らしが悪い環境で生活しているし、あの派手なヒョウ柄も森の木漏れ日に紛れるとカモフラージュになってしまうのだ。

仕留めた獲物をハイエナやジャッカルに横取りされないように、木の上に引きずり上げてからゆっくり食べる。つまりもし樹上にインパラなどの死骸があれば、近くにヒョウがいるかもしれない。ヒョウ柄はチーターの斑点と違い、点が円を描いて花びらのようになっているのが特徴。木が多い所、川沿いの森などで探そう。木の枝もチェック！

体長：90 cm～190 cm
体重：45kg～85kg

チーター　　Cheetah

Acinonyx jubatus

地上最速のランナー。アフリカの草食獣で最速のスプリングボックを狩ることもできる。とはいえ狩りの成功率は低い。瞬発力はあるが長距離は苦手で、20秒が限界なのだ。

子供は草むらやヤブ地に隠し、数日おきに場所を変える慎重派。肉食獣とはいえ敵無しではなく、ハイエナに獲物を盗まれると反撃せずにあきらめてしまう。ヒョウとの外見上の違いは、チーターの顔には鼻を挟んで縦に2本の線が入っている。

俊足を武器とするのため、障害物になる木や岩が少ない環境を好むので、見晴らしが良い草原で探そう。

体長：110 cm～150 cm
体重：40kg～50kg

ワイルドドッグ　　　Wild Dog
Lycaon pictus

　サファリ好きならビッグ5と同様に見たいどうぶつの1つだろう。害獣として駆逐されたり、家畜の病気に感染しやすいため、現在大幅に数を減らしている。さらに行動圏が非常に広いため、目撃情報を入手して駆け付けても、見られないかもしれない。群れで行う狩りの成功率は非常に高く、別名ハンティングドッグ。Painted Dog とも呼ばれる。

ブチハイエナ　　　Spotted Hyena
Crocuta crocuta

　ライオンが倒した獲物にたかるズルイ奴、という悪評が高いハイエナも、アフリカで本物を見れば「カワイイ奴♡」に変わるかも。実は群れで一丸となって多勢に無勢で攻めまくる、かっこいい名ハンターだ。低めの腰もなんか憎めない。メスがオスより若干大きく、群れのリーダー格となるのもメスだ。

セグロジャッカル　Black-backed Jackal
Canis mesomelas

　肉食獣の残飯をいただく草原の掃除屋さん。群れはオス、メスと子供達という家族単位。子供は育つと親離れするが、一部は残り、下の子の面倒をみるなど"ヘルパー"になる。
　お腹に白いラインが入ったヨコスジジジャッカル Side-striped Jackal もいる。尻尾の先が白いのが見分けるコツ。

オオミミギツネ　　　Bat-eared Fox

Otocyon megalotis

　レッサーパンダのような眉間のシワ模様がかわいいキツネ。優れた聴力で好物のシロアリの居場所を突き止める。フンコロガシの幼虫なども食べる。昼間は巣穴や草間で休んでいることが多く、非常に警戒心が強いため、なかなか近寄れない。夜は活発に動き回っている。シマウマが食べた後ぐらいの、若干短めの草が多い所を好む。オスは子育てに積極的なイクメンだ。

写真提供：Mitchan

ジャネット　　　Genet

Genetta tigrina

　夜行性が非常に強いため昼間はなかなか見られないが、ナイトドライブでは会えるかも。草原より木々の多い所を好み、げっ歯類やカエル、昆虫、果実などを捕食する。体は水玉、尻尾はシマシマという、うるさい模様。

イボイノシシ　　　Warthog

Phacochoerus aethiopicus

　顔にある大きなイボが特徴。メスのイボはあまり目立たない。草の根元のほうを食べるために、前脚を正座のように折りたたんでしゃがむ姿がキュート。また、走るとき尻尾をピーンと立てるのが愛嬌たっぷりで、観光客の人気者だ。天敵を見ると大慌てで逃げ出すが、ある程度逃げると必ずストップして、クルッと振り返る癖も憎めない。

キリン Giraffe
Giraffa camelopardalis

身長 4m 〜 5m。日本の動物園によくいるアミメキリンとは違い、南部アフリカにいるのは主に、ケープキリン South African Giraffe（クルーガーなど）とアンゴラキリン Angolan Giraffe（エトシャ NP など）。

キリンはなんとツノを 5 つ持っている。おでこのでっぱりも実はツノ。そして後頭部にも 2 つのツノがある。ツノに生える房毛は、子供の頃はフサフサしているが、年をとると禿げてくる。パワフルな脚力が武器となるため、ライオンに襲われることは少ないが、小さな子供は標的にされることがある。視力が良く、高い位置から灯台のように遠くの方まで警戒して見ている。

上：ケープキリン
右：ケープキリン
左：アンゴラキリン

シマウマ Plains Zebra
Equus quagga

芸術的なストライプが草原でひと際目をひくシマウマ。南部アフリカで見られるのは主にバーチェルズシマウマ Burchell's Zebra（クルーガーなど）と、チャップマンズシマウマ Chapman's Zebra（エトシャ NP など）だ。チャップマンの方はシマとシマの間に入る薄いシマが、比較的はっきりしている。また、脚のシマははっきりしていないなどの違いがあるが、シマ模様は固体によって指紋のように、みな違う。

ごく一部の地域には、マウンテンゼブラも生息している。

上：エトシャNPのチャップマンシマウマ
右：クルーガーNPのバーチャルズシマウマ

ヌー（オグロヌー） Wildebeest
Connochaetes taurinus

東アフリカの"ヌーの大移動"で有名なヌーだが、南部アフリカのヌーは東アフリカのものとは少し違い、あごヒゲが黒い（東アフリカのは白）のが特徴。正確にはクロヒゲオグロヌー Black beared Wildebeest という。

ごく一部の地域にはオジロヌーも生息しているが、尾が白く、ツノは前に向かって伸びていて、見た目はかなり違う。

セーブルアンテロープ Sable Antelope
Swartwitpens

後ろに大きく湾曲したツノがりりしいレイヨウ。オスは濃い茶色、メスは赤茶色。森の中で暮らしていて、開けた所にはあまりで出てこないが、緑や水が乏しくなる乾季の終わり頃には、川の近くにやってくるだろう。

同じく後ろに向かって伸びたツノを持つローンアンテロープ Roan Antelope（写真下）もいる。体は栗色。いずれもボツワナのチョベ NP やオカバンゴデルタなどに生息。

エランド Eland
Tragelaphus oryx

レイヨウ類の中で最大サイズ。オスはグレーがかったベージュ。メスは赤茶色。ドリルのようにねじれたツノが特徴。大きな体の割りに気は小さくて、サファリカーで近づくとあっという間に逃げてしまう。

ゲムズボック（オリックス） Gemsbok (Oryx)

Oryx gazella

変な模様とまっすぐ伸びた長いツノが特徴。別名ケープオリックス。長いツノを武器にライオンなどの肉食獣と戦うこともある。

乾燥に強く、草や果実に含まれる水分だけで長時間生きられるため、砂だらけのナミブ砂漠にも生息。乾燥地帯のエトシャ NP でも多く見られる。ケニアに生息しているオリックスとは、顔、体の模様が違う（写真右は子供）。

グレータークドゥ　　　Greater Kudu

Tragelaphus strepsiceros

大きく湾曲したツノが特徴。メスはツノを持たない（写真下）。木々が多い所で生活するが、水を飲みにヤブ地から出てくるから、乾季ならゲームドライブ中にしばしば出会えるだろう。しかし水が豊富な雨季は、あまり出てこない。オスは繁殖期以外は単独か、オスだけの小さな群れを作る。

Big5
アフリカ水牛（バッファロー）Cape Buffalo

Syncerus caffer

地味ながらビッグ5のひとつ。狩りのターゲットとして手ごわい猛獣をビッグ5と数えていたためのベスト5入りだ。ライオンにとってもなかなか厄介な暴れん坊。群れから離れたオスは特に攻撃的だ。横に大きくカーブしたツノが特徴。African Buffalo とも呼ばれる。

ササビー　　　　　　　Sassaby (Tsessebe)
Damaliscus lunatus

ケニアなどに生息するトピに似ているが別種。トピに比べ左右のツノが開いており、顔はかなり違う印象だ。小さめの群れで生活していて、オスは成獣になると群れを離れ、オスだけの群れ Bachelor herds をつくる。

レッドハーテビースト　　Red Hartebeest
Alcelaphus buselaphus

これもトピと勘違いされがちだが、南部アフリカにトピはいない。ツノの形がハープのようにクネっているのが特徴。半砂漠地帯に生息し、エトシャ NP で見られる。30頭ほどの群れで生活する。

ウォーターバック　　　　Waterbuck
Kobus ellipsiprymnus

水辺の生活者。お尻の白い輪がチャームポイント。アフリカでは、"ノアの箱舟に作られたトイレを最初に利用したら、まだペンキが乾いていなかった" と語られている。名前のとおり水辺で生活し、敵に追われると湖などに逃げ込む。

ブッシュバック　　　　　Bushbuck
Tragelaphus scriptus

名前のとおりヤブ地（ブッシュ）の生活者。オスはこげ茶色、メスは赤みががった茶色。オスのみがツノを持つ。バンビのような姿から、「シカがいた！」と言いたくなるが、ウシ科。

スプリングボック　　Springbok

Antidorcas marsupialis

名のとおり、宙にピョーンと跳ねるのが得意で、高さ2mも飛ぶ。このジャンプは"プロンキング"と呼ばれるが、なんのために跳ねるのか理由は未だ分かっていないという。足が速く最高時速90km。俊足のチーターにとってもなかなか手ごわい相手だ。障害物が少ない開けた所を好む。乾燥に強く、水が少ない砂漠地帯でも平気。

インパラ　　Impala

Aepyceros melampus

繁殖期に1頭のオスが複数のメスを従えるハーレムを形勢する"インパラのハーレム"で有名。オスのみがツノを持つため、ハーレムなのが一目瞭然だ。ハーレムを持たないオスは、オスだけでまとまって独身同盟を作っている。シカの仲間と思われがちだが、インパラはウシ科。ウシ科は、シカのようにツノが落ちることはない。

エトシャNPには顔が黒いカオグロインパラ Black-faced Impala（下）がいる。

リーチェ　　Red Lechwe

Kobus leche

湿原地帯で生活している。ヒヅメが横に開いているため、ぬかるんだ湿原でもバシャバシャと歩くことができるのだ。オスのみがツノを持つ。チョベNP、オカバンゴデルタでのみ見られる。若くてツノが短いオスはリードバックと似ているが、前脚の前部分と尻尾の先が黒いのがリーチェ。

ニアラ　　　　　　　　　　　Nyala

Tragelaphus angasii

　森、ヤブの中で小さな群れをつくり生活している。あまり開けた草原には出てこないが、ロッジの庭にやってくることもある。オスはねじれたツノを持ち、体毛が長めなのが特徴。メスはブッシュバックに似ているが、体の縦線が見分ける目印だ。

クリップスプリンガー　　　Klipspringer

Oreotragus oreotragus

　岩の上で歩き回れる特殊なヒヅメを持つレイヨウ。岩肌の色とよく似た隠蔽色で見つけにくいが、岩山があったらチェック！オスとメスのペア、またはオスが少数のメスを従えて暮らしている。

スティーンボック　　　　　Steenbok

Raphicerus campestris

　木々が多い所で生活しているが、ときどき道路際のヤブにもいるのでお見逃しなく。名前の由来はオランダ語で、"石のヤギ" と言う意味。敵に見つかると石のように固まってしまうのだ。南アフリカではアフリカーンス語でスティーンボックと言うが、英語ではスタインボック Steinbok。

リードバック　　　　Common Reedbuck

Redunca arundinum

　単独かペア、もしくは小さな群れで暮らしている。水場からそう離れないので、水が豊かなオカバンゴデルタやチョベ NP でしばしば会えるだろう。オスのみがツノを持つ。

ディクディク   Damara Dik Dik
Madoqua kirkii

葉っぱを食べる小型のレイヨウ。背の高さは75cmぐらい。つがいか子供連れの家族単位で生活し、夫婦仲はとても良く、一度つがうと一生一緒♡というナイスなカップル。ディクディクと鳴くことから、この名前がついた。生息地はヤブ地で、開けた草原に出てくることはまずない。

カバ   Hippopotamus
Hippopotamus amphibius

イメージに反して獰猛などうぶつ。陽射しの強い昼間は水の中でデリケートな肌をいたわり、夜になると岸に上がり草を食べ歩く。このとき尻尾をプルプル振って土手に糞を撒き散らし、自分の道にマーキングする。

"カバは赤い汗をかく"と言われるが、正確にはカバには汗腺がなく赤い液は粘液で、陽射しや細菌から肌を守るためのものだ。

ナイルワニ   Nile Crocodile
Crocodylus niloticus

昼間はじっとしてあまり動かず、まるで岩。水辺に現れる獲物を虎視眈々と狙っているのだ。獲物を前にすると驚くほど敏捷で、強靭なアゴで捕らえた獲物は水中に引きずり込み、体をぐるぐると回転させて振り回し、絶命させる。ちなみに南米のワニはクロコダイルではなくアリゲーター。

成長すると体長150cmにもなる巨大なトカゲ、ミズオオトカゲ Water Monitor もいる（写真下）。

チャクマヒヒ　　　　Chacma Baboon

Papio ursinus

ロッジやキャンプサイトの残飯を荒らしにやってくるならず者。30〜60頭ほどの群れを作って生活している。仲間同士は毛繕いをしたり仲良しだが、他の群れと衝突すると激しく吼えてバトルが始まる。

ベルベットモンキー　　　Vervet Monkey

Cercopithecus aethiops

草原を好むサル。特に川沿いの森や、森と草原の際のあたりでよく見られる。ゲームドライブ中よりロッジやキャンプサイトで出会うことが多いだろう。

イワハイラックス　　Rock Hyrax(Dassie)

Procavia capensis

小さな体をしていながらDNA的にはゾウの仲間に分類される。名前のとおり岩場で生活し、気温が低い夜は岩の間に身を隠し、朝になると出てきて日向ぼっこ。体が温まってから活動を始める。

ラーテル（ミツアナグマ）　Honey Badger

Mellivora capensis

皮膚が硬く、ライオンも手を出さないとか、毒ヘビに噛まれて倒れても2時間後には復活するとか、数々の伝説を持つ"アフリカ最強"。小さな体で水牛をも倒すが、その方法は、睾丸を食いちぎる！というもの。

161

ミーアキャット　　Meerkat(Suricate)

Suricata suricatta

　日本でもお馴染みのミーアキャットは乾燥地帯に棲むマングースの仲間。灼熱の太陽から身を守るため、涼しい地下に巣をつくって暮らしている。天敵はワシなどの猛禽類。昆虫や爬虫類、時には鳥を捕食している。素早い動きで狩りは上手。

　40頭位の群れをつくり、狩りのときは見張り役がいるなど協力し合って生きている。主な生息地はカラハリ砂漠やマカディカディパン。

シママングース　　Banded Mongoose

Mungos mungo

　草原にそびえるアリ塚にポコポコと穴が開いていたら、マングースが巣にしているかも。穴から顔を出していないか見てみよう。20〜30匹ぐらいの群れをつくり、昆虫や爬虫類などを捕食する。天敵は猛禽類など。他にキイロマングース Yellow Mongoose、コビトマングース Dwarf Mongooseなどがいる。

ジリス　　Ground Squirrel

Xerus inauris

　涼しい地下に巣を作って暮らす地リス。体に走るの白いストライプが特徴。地下の巣は四方八方に張り巡らしていて、出入り口は複数ある。日中に活動するが、尻尾をあげて影を作り、日傘代わりにして厳しい陽射しをよける。

　木の上で生活するヤブリス Tree Squirrelもいる。ジリスより少し小型。

上：ジリス　右：ヤブリス

ヒガシイワハネジネズミ

Eastern Rock Elephant Shrew
Elephantulus myurus

シッポまで入れて25cmほど。跳躍力に優れた長い後脚を持ち、岩から岩へと1mもジャンプする。名の通り岩や大きな石がある環境を好む。長い吻(鼻先)から、英名はElephant Shrew。主に夜行性だが、明け方も動き回って、昆虫などを捕食している。

ナマクワカメレオン　Namaqua Chameleon

Chamaeleo namaquensis

砂漠で生活するカメレオン。カメレオンの尻尾は、樹上から落ちそうになった時にしがみつく手のような役割を果たすが、砂漠にいるため尾が短いのが特徴。寒い時間は色が濃く、日中は厳しい陽射しを吸収しないように薄くなる。砂漠を徒歩で案内してくれるツアーで見られるだろう。上の写真の濃い状態から、下の薄い色に変化するまで10分かからなかった。

ミズカキヤモリ　　　Namib Sand Gekko

Chondrodactylus angulifer namibiensis

砂漠のわずかな霧雨で生きるヤモリ。主に夜間活動し、日中は涼しい砂の中に身を潜めている。とはいえ砂漠のガイドさんは、何もない砂漠の表面に残るちょっとした痕跡から見つけ出すだろう。名前にもある水掻きで砂を掻いて、あっという間に砂の中に隠れてしまう。

ダチョウ
Ostrich

地上最大の飛べない鳥。身長約 2m。羽が黒いのがオスで、メスは灰褐色。動く物を見ると伴走するクセがあり、サファリカーと並んで走ることがある。時速約 50 km。持久力あり。

アフリカオオノガン
Kori Bustard

飛べる鳥ではアフリカ最大。20 kg 以上もある。胸の辺りの羽をブワーっと広げてメスにアピールする繁殖行動が特徴的。昆虫、爬虫類などを食べ歩いている。

ヘビクイワシ
Secretary Bird

ヘビを食べることからこの名が付いたが、英名の由来は、羽ペンを耳にかけた書記官のようだということから。空を飛ぶより地上を歩き回って、ヘビや昆虫などを捕食している。

ハジロクロエリショウノガン
Northern Black Korhaan

アフリカオオノガンより少し小さめ。よく似た姿のノガンの仲間は多いが、クチバシがピンクっぽいのが見分ける特徴。メスは地味目な茶色系の体をしている。

コシジロハゲワシ

African White-backed Vulture

血まみれの腐肉に頭を突っ込んでも頭の羽が血で固まらないようにハゲているのが特徴。視覚で獲物を探し、最初の1羽が大地に降り立つと、次々と舞い降りてくる。

ズキンハゲワシ

Hooded Vulture

コシジロハゲワシなどに混じってどうぶつの死骸をあさっている。ピンクっぽい顔と、名前の由来である頭の"フード"が特徴。ハゲワシの仲間の中では小型で、クチバシも細め。

アフリカサンショクウミワシ

African Fish Eagle

水辺に生息。木の枝から静かに水中の獲物を探し、狙いを定めると颯爽と飛び立ち、0.5kgもある魚を捕らえて飛び去っていく"漁師"だ。

ダルマワシ

Bateleur Eagle

尾羽が短く、地上にいる時は、ずんぐりとした体型から和名は"ダルマ"。飛翔力に優れ、飛んでいる姿をよく目にする。赤いクチバシ、微妙なグラデーションの体色が美しいワシ。

ゴマバラワシ

Martial Eagle

お腹のゴマ模様が名前の由来。アフリカ最大のワシで、体長85cm。羽を広げると2.5m以上になる。鋭いカギ爪で、小型の哺乳類や鳥類を探して狩る名ハンター。

カタグロトビ

Black-shouldered Kite

南部アフリカの全域に生息。ゲームドライブ中だけでなく、移動中に電線に留まっている姿も目にするだろう。赤い目が特徴のトンビの仲間。ネズミや鳥をホバリングして捕らえる。

165

クラハシコウ

Saddle-billed Stork

赤と黒のコントラストがまばゆいコウノトリの仲間。クチバシの付け根の黄色い部分が鞍（サドル）のようなので、この名前。オスは目が黒く、メスは黄色い。写真はオス。

アフリカギンカモメ

Hartlaub's Gull

アフリカ西海岸沿いに生息。ウォルビスベイ発のボートクルーズやケープタウンのウォーターフロントあたりで多く見られる。食べ物を狙ってくるので、外で食事をする時は気をつけて！

ミナミオオセグロカモメ

Kelp Gull

南部アフリカの海岸沿いに生息。スワコプムントなどでよく見られる。左欄のギンカモメに比べ大型で、クチバシ、脚が黄色いのが特徴。幼鳥の頃はまったく違った姿で茶系。

モモイロペリカン

White Pelican

主に西海岸側でよく見られる。スワコプムントのボートクルーズでは餌付けしていて、ボートに乗ってくる。繁殖期になるとオスの顔部分が顕著なピンクになるのが名の由来。写真はメス。

コフラミンゴ

Lesser Flamingo

主食である藻の成分（スピルリナ）で体がピンクに染まっている。生まれた頃は灰色、子供時代は白く、3〜4年でピンクになる。他に白っぽくて大型のオオフラミンゴもいる。

アフリカコビトウ

Reed Cormorant

川辺で見られるウの仲間。赤い目が特徴。ザンベジ川のボートクルーズで見られるだろう。海辺にはケープウ Cape Cormorant がおり、喜望峰やウォルビスベイで見られる。

シロクロゲリ

Blacksmith Plover(Lapwing)

英名の Blacksmith は"鍛冶屋"の意味で、繁殖期に金属を叩くような甲高い声で鳴くことから名づけられた。水場近くで生活し、ケリ類の中では頻繁に見られる種。

オウカンゲリ

Crowned Plover(Lapwing)

大きさもシェイプもシロクロゲリに似ていて、頭に鉢巻のような白い線が入っているのが特徴。朝のサファリのとき、甲高く"ケンケンケンケン"と鳴いているのがこれ。

アフリカレンカク

African Jacana

長い足指を持ち、ハスやアシの葉の上を歩いても体重を分散させることで沈まない。レンカクを漢字で書くと蓮鶴。蓮の葉の上を歩く鶴という古風なイメージから名づけられた。

サメハクセキレイ

Cape Wagtail

地面を歩きながら尾羽をピコピコと上下に振っている(英名は"尾を振る"の意味)。街中でも水がある所なら生息している。東京でも見られるお馴染みの鳥のアフリカバージョン。

ヤツガシラ

African Hoopoe

"フーポウ"と鳴くことから英名はフーポウ。興奮したり警戒すると頭の冠羽を広げる。樹上にいるより地面で昆虫などを探して歩き回っていることが多い。稀に日本にも迷い込んでくる。

ホロホロチョウ

Guineafowl

フランス料理の食材で知られる鳥。丈夫な足で地面をひっかき、種子などを食べる。比較的大きな群れをつくっているが、人間が食べてしまう前は、1000羽を超えていたという。

ヒメヤマセミ

African Pied Kingfisher

ヤマセミの仲間の中で最も頻繁に見られるタイプ。オスは胸に2本のラインがあり、メスは1本（写真はオス）。ボートサファリでホバリングしている姿が見られるだろう。

カンムリカワセミ

Malachite Kingfisher

体長十数cmの小さなカワセミだが、目が覚めるほどカラフルなので、遠くからでもすぐ分かるだろう。岸から見られる所にはあまり出てこないので、ボートサファリやモコロで探そう。

オオヤマセミ

Giant Kingfisher

アフリカに生息するヤマセミ類で最大サイズ。約40cm。鳴き声も大きく、近くにくるとすぐ分かる。小魚、甲殻類などを捕食する。写真はオス。メスはお腹の下の方がオレンジ色。

ナキサイチョウ

Trumpeter Hornbill

特徴的な鳴き声からこの名を持つが、機嫌の悪い赤ちゃんみたいな声。水場近くの森に生息していて、ビクトリアフォールズのレインフォレスト（熱帯雨林）で見られる。

ミナミジサイチョウ

Southern Ground Hornbill

樹上より地上を好むサイチョウ。森と草原の際のあたりでよく見られる。昆虫などを採食するが、ゾウの糞に含まれる未消化の種子などを食べるために、ゾウの糞をつついている。

アカハシコサイチョウ

Red-billed Hornbill

子育て期、メスは木のウロを巣にし、入り口を糞や土でかため、クチバシを出す。オスは餌を運ぶ役目だ。黄色いクチバシのキバシコサイチョウ Yellow-billed Hornbill（右）もいる。

ズグロバンケン

Burchell's Coucal

40 cmほどある、比較的大きなカッコーの仲間。水を注ぐような鳴き声が、しばしば雨の日に聞かれるため、Rain Birdと呼ばれている。川の近くの森で見られる。

ムジハイイロエボシドリ

Grey Lourie

体色は地味だが冠羽が特徴的。鳴き声が「ゴーアウェイ！（あっちへ行け）」と聞こえるGo-away Birdの仲間。ヤブ地で暮らし、木の多い住宅地にもやってくる。

セジロネズミドリ

White-backed Mousebird

かわいいトサカと長い尾羽が特徴的。木の幹や枝をせわしなく歩き回っていて、その姿がネズミのようだということからこの名前がついた。町中でも緑があ所なら見られる。

コザクラインコ

Rosy-faced Lovebird

ピンクの顔が愛らしいインコ。鮮やかな黄緑で、すぐ分かる。日本では鳥かごの中だが、アフリカではナミビアあたりで元気に飛び回っている。オス、メスの仲が良く、英名はLovebird。

アカメアフリカヒヨドリ

African Red-eyed Bulbul

目の周りの赤いリングがかわいいヒヨドリの仲間。南部アフリカの西側に生息。赤リングがないアフリカヒヨドリ Black-eyed Bulbulもいて、こちらは東側で見られる（写真右）。

セイキムクドリ

Greater Blue-eared Starling

キャンプにもよくやってくるムクドリの仲間。光沢のある青い羽と黄色い目が特徴。クルーガーではあちこちで見られる。ムクドリの仲間は多いが、比較的よく見るのがこれ。

ライラックニシブッポウソウ

Lilac-breasted Roller

パステルカラーが美しい鳥。胸の辺りはライラック色。翼を開くと濃い青。目の覚めるような青い鳥が飛んでいたらこのコかもしれない。ボツワナの国鳥。

シロビタイハチクイ

White-fronted Bee-eater

川沿いの土手の穴を巣にするため、ボートクルーズで見られるだろう。川辺にいるが魚ではなく蜂食いで、昆虫類を採食する。ヒメハチクイ Little Bee-eater（右）もよく見られる。

ダマリイワビタキ

Tractrac Chat

砂漠や荒野など乾燥地に生息し、ハチやバッタを捕食している。ここ10年で急速に数を減らし絶滅危惧種に指定された。スワコプムント発の Living Desert Tour で会えるだろう。

アカハシウシツツキ

Red-billed Oxpecker

水牛などの大型どうぶつに寄生しているダニや虫を食べるために、いつもまとわり付いている。寄生される側のどうぶつは、警戒心が強いウシツツキが飛び立つことによって危険を察知。

ハジロアカハラヤブモズ

Crimson-breasted Shrike

真っ赤なお腹で、遠くにいてもすぐに分かるこの鳥は、モズの仲間。あまり人を恐れず、ロッジの庭などにやってきて、近づいても逃げずに撮らせてくれるフォトジェニックな鳥。

シロクロオナガモズ

Magpie Shrike

黒く地味な体色だが長い尾羽で、すぐに分かるだろう。別名 Long-tailed Shrike。美しい鳴き声でも知られる。Magpie はカササギ（黒白のカラス科の鳥）の意味。

メンガタハタオリ

Southern Masked Weaver

木にぶら下がっている丸い巣のつくり手。約5日かけてつくるが、メスが気に入らなければつくり直しだ。同じく丸い巣をつくるハタオリの仲間は数多くいるが、よく見るのがこのタイプ。

アカガシラモリハタオリ

Red-headed Weaver

頭部の赤が一際目立つハタオリの仲間。メスはこの赤い部分が黄色く、クチバシも黄色。水辺の近くのブッシュや森でよく見る。メンガタハタオリ同様、巣は木にぶら下がったタイプ。

マミジロスズメハタオリ

White-browed Sparrow Weaver

キャンプにもよく飛んでくるハタオリの仲間。ペタっと海苔をくっけたみたいな頭部ですぐ分かる。群れでいることが多く、同じ木にたくさんの巣をぶら下げる。

シャカイハタオリ

Sociable Weaver

巨大な巣を群れで共同してつくり、集団で生活している。比較的開けて見晴らしの良い所につくる。巨大な巣があるレストキャンプは多い。巣の周りは鳴き声でにぎやかだ。

フナシセイキチョウ

Blue Waxbill

淡いターコイズブルーが目立つ小さな鳥。種子を食べるため地面にいることが多いが、臆病で、そーっと近づいても、すぐに飛んでしまう。追いかけず、息を殺して待っていよう。

ヒムネタイヨウチョウ

Scarlet-chested Sunbird

長いクチバシで花の蜜を吸い、花から花へ花粉を運んで受粉の役割を果たす鳥。他にミナミゴシキタイヨウチョウ Lesser Double-collared Sunbird（右）などもいる。

アフリカの"おいしい♪"
Gourmet

「アフリカ料理は辛い」は思い込み。スパイスがふんだんに使われているものの、決して辛いばかりではない。素朴な伝統料理から今どきなアフリカ料理も味わおう。

トラディショナルなアフリカ料理。上は豚足ならぬヤギの足。コラーゲンたっぷり。右はホウレン草の煮物と、トウモロコシ粉を練ったパップ（サッザ）
▶ Pepata ウィントフック（193頁地図）

Chakalaka の缶詰もある↓

↑付け合せの Chakalaka。かなりスパイシーなソース。Sheba Sauce とも言う

アフリカ1おいしいアップルパイ。セスリエムの70kmほど北にポツンとあるベーカリー。ナミブ砂漠ツアーの道中なので、「立ち寄って」と頼んでおこう。ガイドさんも絶対に知っている有名店。
▶ Mcgregor's Bakery

ゲームミートとは野生どうぶつの肉のこと。オリックス、ダチョウ、スプリングボック、ワニ。思ったほどクセがなくおいしい
▶ Arnold's Restaurant ケープタウン（205頁地図）

Koeksisters。こってり甘いしっとり系揚げパン

Malva Pudding
アプリコット味のしっとり系スポンジケーキのような感じ

172

Bunny Chow 食パンの中をくりぬいて、カレー味のソース（シチュー）を詰め込んだ大胆な料理

ケープタウンなど海沿いの町はシーフード天国。これはスワコプムント発のボートツアーで出してくれた生ガキ、どっさり！右はイカ、エビのフライ

ゲームドライブ中、車を止めてピクニックランチ。キッシュを焼いてくれた。なかなか手が込んでいる

キャンプでパンまで焼いてくれた！焼きたておいし〜♪

Boerewors。長ーいぐるぐる巻きウィンナー。そのまま炭火で焼いたり蒸したり

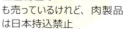

Bobotie カレー系の味付けした挽肉の上に溶き卵をのせ、オーブンで焼いた料理。南アフリカでポピュラーな家庭料理だ

Buffalo Pie。「牛肉のこと？」と聞いたら、シャレじゃなくて本当に水牛の肉だって。クルーガーのレストキャンプで

乾燥肉のBiltonはお酒のツマミ。土産物屋でも売っているけれど、肉製品は日本持込禁止

173

アフリカのお土産
Souvenir

アフリカっぽい民芸品から現代的でポップな製品まで様々なお土産。その多くがひとつひとつ手作りで、同じものは2つとない！

絵画 町のアーティストが描いたアフリカはいかが？

キリンのバッグ アフリカらしいビビッドな色合いのバッグ。プリントではなく、手描き。絵画のような作品だ

木彫り製品 アフリカ土産の定番。すべて手作りなので、どうぶつの表情が皆違う。じっくり選んで！

タオル 実用主義！タオルの柄もゾウさん。嬉しくなっちゃう♪

カレー粉 南アフリカのカレー粉はおいしい！日本人の舌にも合う♪

地図 国立公園のマップは、セルフドライブなら必須

アクセサリー エスニックなデザインや、どうぶつやアフリカ大陸をモチーフにしたピアスやネックレスが多々ある

Amarula チョコ マルーラという、昔から南アフリカの人々に愛されてきたフルーツで作られたチョコレート

本 どうぶつ好きには貴重な野生どうぶつの本。鳥の鳴き声を収めたCDなど日本では手に入らない貴重品

ルイボスティー カフェインフリーで日本でも静かな人気のお茶。ブラックもいいけれど、ロイヤルミルクティーも試してみて！

南アフリカ産ワイン 土壌や降雨量、気温、山の傾斜など、ブドウが育つ好条件が揃っているケープ州はワインの産地だ。ケープタウンやステレンボッシュ発のテイスティングツアーも出ている

かわいい食器 マグカップやお皿もすべてひとつひとつ手描き。日本人の発想ではなかなか描けないポップな色使いがかわいい

ホットソース 「辛い!!」と驚いたら、日本で待っている友達も驚かそう。右上はカラハリ砂漠産の塩

マルーラのお酒 マルーラの実が落ちると、地面で自然発酵するが、ゾウは発酵したマルーラのおいしさを知っていて、喜んでマルーラを食べるという。そしてほろ酔い。ただし巨体アフリカゾウが酔っ払うには、1400個ほどの実が必要らしい。右はマルーラのファッジ

バティック 部屋に掛ければ、たちまちアフリカの雰囲気に！マーケットで値切って$15。帰りに空港で値札を見たら$30ドルだった

175

Break Time
どうぶつ横断注意

野生どうぶつは横断歩道を利用せず！

アフリカを陸路で旅していると、野生どうぶつ横断注意の交通標識をあちこちで目にするだろう。イボイノシシやクドゥ、ホロホロチョウも飛び出し注意だ。

しかし《アフリカゾウ注意》の看板を見たときは、「さすがにそれはないでしょ、観光向けのサービスかな？」と笑っていたら、これが冗談ではなかった。ボツワナのハイウェイで、突如16頭のアフリカゾウが悠々と道を横切ってきたのだ。こちらは28人とキャンプギアをどっさり積み込んだ大型トラック。それでも地上最大の生物と衝突していたら大惨事だろう。

町から遠く離れた大自然の中ならともかく、観光客でにぎわうビクトリアフォールズ周辺にも、《ゾウに注意》の看板があり、実際毎日ゾウが道路に現れていた。

ビクトリアフォールズ空港の近くには、ワイルドドッグの標識もある。ゲームドライブのとき探し回ってもなかなか見られないワイルドドッグなのに、こんな標識が立っていれば、「目撃できるかも！」と期待が高まってしまう。

とはいえセルフドライブでアフリカを旅する方達は、充分お気をつけください。

↑ゾウの群れが横断。アフリカではどうぶつが優先。ボツワナではしばしば起きる

移動手段と観光の拠点

Information of Town

　人気の観光地へと出向くための拠点となる町の紹介。拠点の町へ行けば、現地発着ツアー、レンタカー、キャンプギアなど観光に必要な情報や物を集めることができる。

ジンバブエ 国内のバス
Long-Distance Bus

▶ 長距離移動

ジンバブエ国内の移動は国際バス Intercape のお世話になろう。

→ 18 頁参照

※ワンゲ国立公園 Hwange NP はビクトリアフォールズタウンからツアーが出ている。最短ツアーは日帰りだが、朝夕のベストタイムを逃さないために 1 泊は欲しいところ。

※グレートジンバブエ遺跡の拠点はマシンゴ Masvingo。ここから遺跡までは小型バス（Combis と同様ワゴン車）。

※ザンビアは、Intercape がビクトリアフォールズの拠点となるリビングストンに乗り入れている。国内を走る長距離バスがあるが、私は利用したことがない。申し訳ない m(＿ ＿)m

ビクトリアフォールズの拠点　ジンバブエ側とザンビア側 ざくっと比較		
	ジンバブエ ビクトリアフォールズ タウン	**ザンビア** リビングストン
入場料	$ 30 ルナレインボーは $ 40	$ 20 ルナレインボーは $ 25
滝と町との距離	滝は町から徒歩圏内。ただし夜は歩かないように。	リビングストンから滝まで約 8 km。シャトルバスを出しているホテルもある。
滝の眺め	ビューポイントが多く、落ちる滝を正面から見渡せる。	滝が落ちる側から見られる。滝つぼに下りられる。
アクティビティ	様々なアクティビティが楽しめるが、マイクロライトの出発はザンビア側からのみ。（日帰り OK。VISA が必要）	マイクロライトはザンビア側から。島に渡りデビルスプールで泳ぐことも可能（季節による）。
ホテル	観光向けホテルは多い。ただし料金は高め。安宿のドームは 2000 円ぐらい～。	リビングストンの宿はリーズナブルでジンバブエの半額～。安宿は 1200 円ぐらいから泊まれる。ただし滝のそばに 2 つだけあるホテルは最高級。
空港からのアクセス	タクシー 20 ドル～、約 20 分	タクシーは 8 ドルぐらい、約 15 分
物価	物価は観光仕様で高め。食事などもザンビアの倍ぐらいする。	物価は全体的に安め。

ZiMbabWe

ジンバブエ ルート MAP

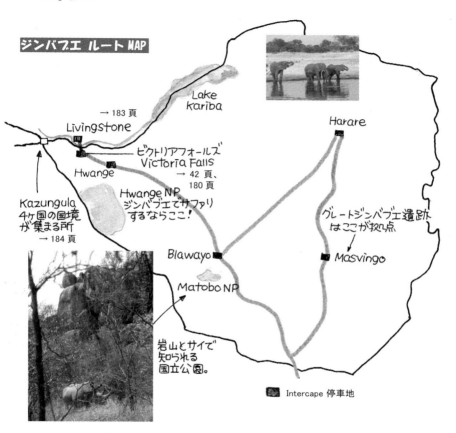

→ 183 頁
Lake Kariba
Livingstone
Harare
ビクトリアフォールズ
Victoria Falls
→ 42 頁、180 頁
Hwange
Kazungula
4ヶ国の国境が集まる所
→ 184 頁
Hwange NP
ジンバブエでサファリするならここ!
グレートジンバブエ遺跡はここが拠点
Blawayo
Masvingo
Matobo NP
岩山とサイで知られる国立公園。

🚌 Intercape 停車地

※列車も走っているが、遅延は覚悟。時間どおりに旅をしたいならバスのほうが安心だ。のんびり行くなら列車の旅は楽しい。

ビクトリアフォールズタウン
Victoria Falls Town
in Zimbabwe

▶**観光地**：ビクトリアフォールズの観光拠点。ここを拠点にチョベ NP のツアー参加も可能。ただし KAZA ビザでの再入国はデイツアーに限る。

▶**空港からのアクセス**：ビクトリアフォールズ空港（VFA）からタクシーで約 20 分。22 km。20 ドル～。旅行会社のエアポートサービスを予約すれば 14 ドルぐらい。

▶**陸路でのアクセス**：国際バス Intercape が停車。
・ザンビアとの国境から町まで歩けない距離ではないが、乗り合いタクシーで 5 ドル /1 台程度。
・ボツワナのカサネからのアクセスは 184 頁の、＜国境越え＞を参照。カサネの旅行会社でカサネ～ビクトリアフォールズ タウンの国境越えトランスポート手配も可能。

▶**市内の交通**：とてもコンパクトな町なので、観光はほぼ歩ける範囲内だ。夜はゾウや水牛が出没して危険なので、必ずタクシーを利用。

▶**ツアー会社**：滝は町から徒歩でもタクシーでも行けるので、個人で観光できる。各種アクティビティを催行するツアー会社は数多くあり、Parkway Dr. 周辺にオフィスを構えている。また、各ホテルにもツアーデスクがある。

・Shearwater
昔からある大手。オフィスは Parkway Dr.。エアポートシャトルはフライトにあわせて出していて、町の各ホテルを回ってくれる。

・Wild Horizons
ツアーデスクは Parkway Dr.。レストキャンプの目の前。

▶**安宿情報**：
Shoestrings Backpackers & Lodge
ロケーションは良いが、共同部屋、トイレ、シャワーはちょっとシボむ。各部屋にロッカー有り。日本人によく会う。テントサイトあり。（182 頁地図の 3 番）

Victoria Falls Rest Camp
私は 1993 年から何度か利用。設備はかなり古くて質素だが、敷地が広く居心地は良い。（182 頁地図の 4 番）
※中級以上のホテルは多数あり。

▶**市内観光**：滝やザンベジ川でのアクティビティは数多くあり、町のツアー会社で申し込み可能。

滝以外ではタウンシップの Chinctimba を訪れるツアーがある。

野生どうぶつの肉が食べられる"ゲームミート"のレストランは Chipala など（182 頁地図）。ディナー時にはダンスショーなどパフォーマンスもあり。

▶**治安**：観光客が多く、町中心部なら治安の心配はほぼないが、人通りが少ない所には 1 人で行かないように。暗くなるとゾウなど野生どうぶつが出没するので、歩かないように。朝陽、夕陽やルナレインボーを見に滝へ行くときも、タクシーを頼んでおこう。

野生どうぶつが多く、特にヒヒは食べ物を持っていると飛び掛ってくることもあるので、注意。

ジンバブエ、ザンビア ボツワナに入国時 米ドルを準備

ビザはいずれもドル、ユーロで。キャッシュを用意しておこう。ボツワナは観光開発税が必要。

Zimbabwe

ビクトリアフォールズ広域 MAP

🏠 1. The Kingdom
2. Victoria Falls Hotel
3. Avani Victoria Falls Resort
4. Royal Livingstone Victoria Falls
5. A'Zambezi River Lodge
6. Victoria Falls Backpackers
7. Victoria Falls Rest Camp

リビングストン町中心 →183頁地図

滝まで約8km。無料シャトルを出しているホテルもある

この通りはゾウの出没地。毎日遭遇していた。カメラ、カメラ！

推定樹齢1000〜1500歳。高さ23mの巨木バオバブ。

ジンバブエの人々の生活が垣間見られるタウンシップ。小学校などを訪ねるデイツアーもある。マーケットではチテンゲ(アフリカチックな布)が安く買える♪

国境線 / ザンビア / ジンバブエ / ザンベジ川 / ゴルフ場 / Big Tree / 町中心 / 国立公園入り口 / →182頁 / →44頁 / ジンバブエ Border Post / Chinotimba / ザンビア Border Post 出入国管理

181

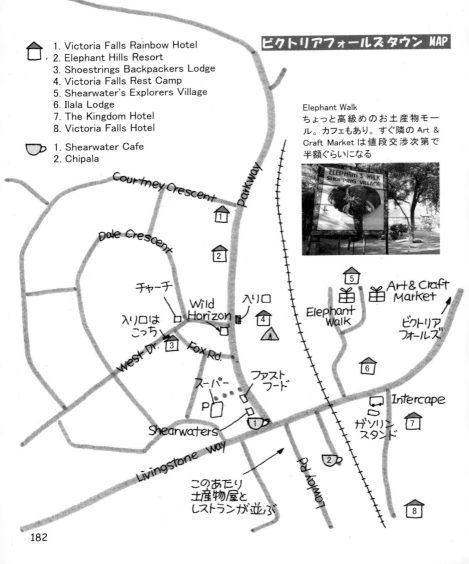

Zambia

リビングストン
Livingstone
.... in Zambia

▶ **観光地**：ビクトリアフォールズの観光拠点。ボツワナのチョベ NP の日帰りサファリも可能だが、国境まで片道 1 時間で、ちょっと遠い。

▶ **空港からのアクセス**：リビングストン空港 Harry Mwanga Nkumbula International Airport（LVI）から町まで約 5 ㎞。乗り合いタクシーで約 15 分、K50 〜 K60 ぐらい。

▶ **陸路でのアクセス**：国際バス Intercape が乗り入れている。

・ジンバブエから入国した場合、国境から町まで乗り合いタクシーで K25 ぐらい。1 人の場合は K50 だった。約 15 分。

・ボツワナからは 184 頁＜国境越え＞参照。

▶ **市内の交通**：歩ける範囲内にツアーデスク、ホテル、スーパーなどがある。

▶ **ツアー会社**：観光向けホテルであればツアーデスクを構えている。

▶ **安宿情報**：

物価はジンバブエより安く、安宿も多い。

1. Livingstone Backpackers

バスランクやタクシー乗り場、スーパーなどが近くて便利なので利用した。毎日 10 時半に滝でのシャトルバスを出している。

・Fawlty Towers Backpackers

日本人が多い宿。上記の宿の 1 ㎞ほど南の Mosi-oa Tunya Rd.。

▶ **治安**：田舎の雰囲気で旅行客もブラブラしている。そんなピリピリしなくて大丈夫だが "治安対策の基本" は忘れずに。夜は出ないように。

▶ その他：タクシーの値段はいずれも乗り合いタクシー。正規のタクシーはナンバープレートの数字が赤。車体に紫などのラインが入っている。

↑ Mosi Oa Tunya 通りの土産物屋が並ぶ一角。同じ物がビクトリアフォールズ周辺のお店よりかなり安くで買える

ボツワナ 国内のバス
Long-Distance Bus

▶ 長距離移動

国際バス Intercape は南部のハボロネ以外は走っていない。

観光の拠点となるマウン、カサネ、グウェタなどへの移動は、ボツワナ国内の長距離バスを利用。時刻表はないので、利用するときはバス乗り場 Bus Rank に早めに到着しておこう。午前中の方が出発便が多いようだ。

＜乗り方＞

前もって Bus Rank と呼ばれる乗り場へ行き、だいたいの出発時間を聞いておくと良いだろう。始点はほぼ時間通りに出発する。途中駅は遅れることしばしば。焦らず待っていれば大丈夫。料金はバスの中でコンダクターに支払う。車内放送はないので、目的地に着いたら教えてくれるように、ドライバーさんに頼んでおこう。

※各町の近くで検問がある。いったんバスを降りて靴の消毒。パスポート提示の場合もある。

▶ 街での移動手段

タクシーは通常乗り合い。Bus Rank にはたいていいる。カサネやマウンでは観光客の顔を見れば「タクシー？」とうるさいほど呼び込みがある。町から少し離れるとタクシーは捕まえにくいので、ホテルで呼んでもらおう。料金は町中なら P10 〜 P30 程度。

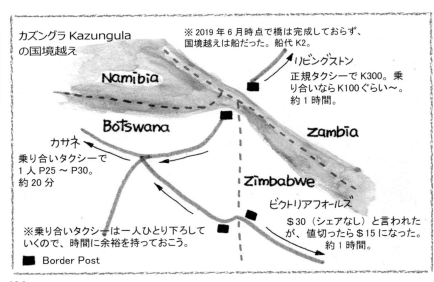

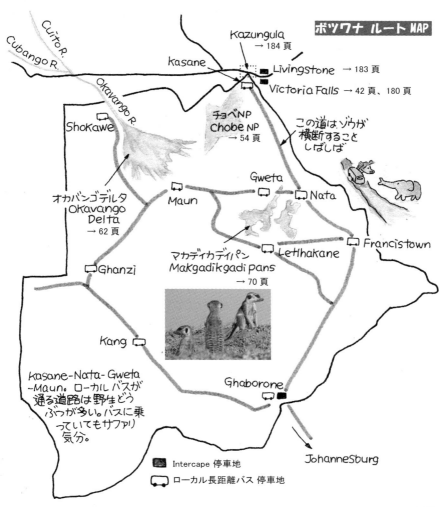

カサネ
Kasane
.... in Botswana

▶ **観光地:** チョベ NP ツアーの拠点。リバーフロントだけならゲームドライブ、ボートクルーズ各 3 時間から楽しめる。サブティまで足を伸ばすなら宿泊ツアーで。

ビクトリアフォールズの日帰り観光も可能。

▶ **空港からのアクセス:** カサネ空港（BBK）は、町から約 4.5 km。移動はタクシーで。乗り合いで 1 人 P20 ぐらい。

▶ **陸路でのアクセス:** 国際バス Intercape は乗り入れていない。

・国境カズングラ Kazungula はボツワナ、ジンバブエ、ザンビア、ナミビアの 4 カ国の国境線が集まる地点だ。カズングラから町まではタクシーで P20 ～。184 頁の＜国境越え＞参照。

・国内を走る長距離バスルートは 185 頁のマップ参照。

・マウンから長距離バスでアクセスする場合は途中 Nata で乗り換え。

・カサネ→マウンは途中 Nata で乗り換えだが、夜 22 時発なら直行便あると言っていた。

▶ **市内の交通:** 中心部はだいたい歩ける範囲にホテルやショップが集まっている。乗り合いタクシーは町の中なら P10 ぐらい～。

▶ **ツアー会社:** 各ホテルでサファリ、アクティビティの申し込み可能。ゲームドライブは 3 時間 P330 ～（＋国立公園入場料）、ボートクルーズは P270 ～。チョベ NP のサファリはかなりコスパが良い。

・Kalahari Tours
チョベ NP のゲームドライブがプライベート（1 人）で＄100 ドル＋入場料で、私が探した限り最安値だった。（乗り合いだったら、もっと安いところもある）

・GKT Tours
・Flame of Africa
ともに地図 A のスーパー Spar があるショッピングモールにオフィスあり。

▶ **安宿情報:** ボツワナに安宿、バックパッカーズは少ないが、テント持参なら高級ホテル内のテントサイトを＄10 ぐらいで利用できる。テント持参の日本人は Chobe Safari Lodge に集まっているようだ。

1. Chiloto Guest House
町中の便利なロケーションでは比較的安い中級宿。バスランク、スーパーも近い。

▶ **市内観光:** 見所はチョベ NP 以外には、特にない。

▶ **治安:** ボツワナは治安に関してはアフリカの優等生。カサネは特に観光の町で、とってものどか。しかし人通りが少ない場所、時間は一応注意しよう。周辺は自然豊かな所で、野生どうぶつと出くわすこともあるので充分注意。

→バスランク。前日に時間を確認しておこう

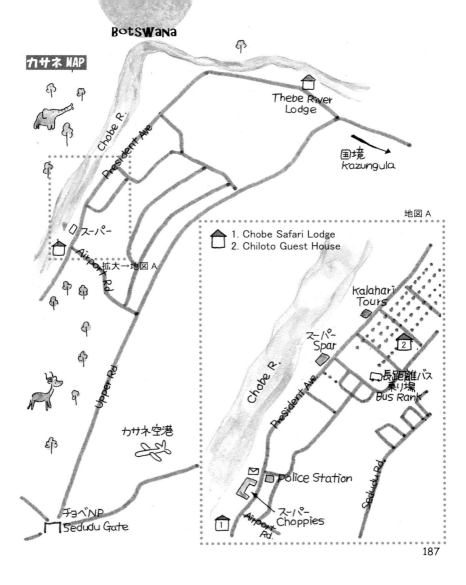

マウン
Maun
.... in Botswana

▶ **観光地**：オカバンゴデルタの拠点。

▶ **空港からのアクセス**：マウン空港（MUB）と町中心地は近いが、人気の宿は町の中心地からはちょっと離れた地域に多い。

▶ **陸路でのアクセス**：国際バス Intercape はないので、ボツワナの長距離バスを利用。ルートは185頁参照。

▶ **市内の交通**：中心部にはタクシーが多く、値段も安いので短距離移動は困らない。下地図の範囲内なら乗り合いでタクシーで P10〜P30。

長距離バスランクでは、バスを降りるとタクシーの呼び込みが声を掛けてくるだろう。Old Bridge Backpackers までは P25〜P30。Olde Brige あたりでタクシーは捕まらないので、呼んでもらうと町まで P50。

▶ **ツアー会社**：
観光向けのホテルであれば、ツアーデスクがある。

· Old Bridge Backpackers
人気の宿で、オカバンゴデルタのキャンピングツアーや日帰りアクティビティを申し込める。

· Kavango Air
小型機でのシニックフライトが2人乗りで、45分 $400。オフィスは空港建物の2階。階段を上って左2軒目。

Helicopter Horizon
ヘリコプターのドアを取り外しているので、見晴らし抜群のシニックフライトができる。値段は少々高めだが、人数を揃えてシェアすれば、ビクトリ

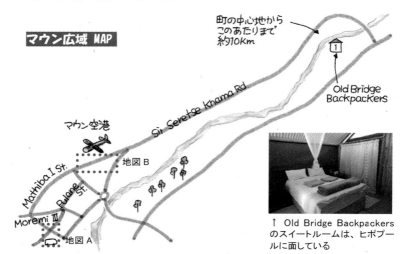

↑ Old Bridge Backpackers のスイートルームは、ヒポプールに面している

BotSwana

アフォールズのヘリコプター遊覧より安い。オフィスは空港建物の向かい。

▶安宿情報：

1.Old Bridge Backpackers
町から10kmほど。安宿が少ないボツワナでは貴重なバックパッカーズ。テントサイトもある。目の前がヒポプールで、カバ、ワニ、水鳥が集まっている。（左ページ地図1）

2.The New Mall Guest House
ロケーションが良い中級宿。空港から徒歩圏で、近くにスーパーや旅行会社もある。部屋に冷蔵庫、電子レンジあり。シングル $55 ぐらい。（地図Bの2）

▶**市内観光**：オカバンゴの上空を飛ぶヘリコプターサファリ Scenic Flight、ボートサファリなど、町出発の日帰りアクティビティは多々ある。

▶**治安**：昼間はあまり心配することはないが、夜は出歩かないこと。タクシーもボッてくることは、まずない。

地図A

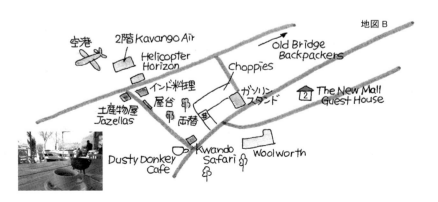

地図B

ナミビア 国内のバス
Long-Distance Bus

▶長距離移動
ナミビアは国際バス Intercape が乗り入れている。また、主な観光拠点の町ウィントフック〜スワコプムント間は、地元のシャトルサービスが毎日運行している。

■ Welwitschia Shuttle
ウィントフックからスワコプムント経由、ウォルビスベイまでを、毎日午後に1便運行。復路は早朝出発。ネットで予約可能。支払いは当日で OK。町の中心部なら、宿泊ホテルまでドア to ドアで運んでくれる。

Ⓤ http://welwitschiashuttle.com/

■ Town Hoppers
ウィントフック〜スワコプムント間を毎日往復。空港送迎もある。町中心にあるホテルならピックアップに来てくれる。クレジットカードの支払いは受け付けておらず、銀行振り込み。

Ⓤ http://namibiashuttle.com/
Email: townhoppers@iway.na

※シャトルバスの予約は192頁で紹介の安宿 Chameleon Backpackers で代行してくれる。

▶中距離移動
他に町の郊外への移動手段として、コンビス Combis と呼ばれるワゴン車サイズのミニバスがある。乗り合いバスで、満席になった時点で出発するため、タイムテーブルはない。

ウィントフックの Combis の乗り場はタウンシップのカトゥトゥラ Katutura の Rhino Park Station にある。町の中心部から少し外れるので、利用するのなら治安上充分注意して。

※多くのデイツアーがスワコプムント発着だが、ボートツアーに参加するなら、ウォルベスベイに集合。ウォルビスベイはスワコプムントの約30km南。

↑スワコプムントからウィントフックへの移動途中、左手、遠くにスピッツコップが見える。スワコプムントを出て1時間ぐらい

↑ Welwitschia Shuttle。途中、ガソリンスタンド（コンビニあり）でコーヒーブレイクをとる。トイレは有料 N$2 なのでコインを用意しておこう

NaMibia

アンゴラ

ナミビア ルート MAP

エトシャ NP
Etosha NP
→ 80 頁

Tsumeb

Grootfontein

チーター
パーク
Cheetah
Park
→ 90 頁

Outjo

スピッツコップ
Spitzkoppe
→ 88 頁

ケープクロス
Cape Cross
→ 92 頁

Swakopmund
→ 194 頁

Walvis Bay
Sandwich Harbour
→ 97 頁

Windhoek
→ 192 頁

Rehoboth

ボツワナ

ナミブ
ナウクルフト NP
Namib-
Naukulft NP
→ 74 頁

Sesriem

Keetmanshoop

Intercape 停車地

シャトル 停車地

フィッシュリバー
キャニオン NP
Fish River
Canyon NP
→ 91 頁

南アフリカ

ウィントフック
Windhoek
.... in Namibia

▶ **観光地：**ナミブ砂漠、エトシャ NP の拠点。

▶ **空港からのアクセス：**Hosea Kutako 国際空港（WDH）から約 45 km。タクシーで約 40 分、300ND ぐらい。多人数の場合はシャトルのほうが割安だが、予約が必要。いずれもホテルで予約代行してもらうと安心だ。
中距離を走る Combis（→ 190 頁）という乗り合いバスもあるが、ホテルまで送り届けてはもらえない。旅慣れた人向けだ。
※ Eros Airport（ERS）を利用する便も少ないがある。

▶ **陸路でのアクセス：**国際長距離バス Intercape などの他に、スワコプムント間はシャトルバスも出ている（→ 190 頁）。

▶ **市内の交通：**バスはないのでタクシーを呼んでもらおう。
安く移動するなら乗り合いタクシーで、中心地の範囲内なら 10 ～ 20ND ドル。しかし行きたい方向へ向かう乗り合いタクシーを探すのは難しい。目的地の場所を把握しておき、運転手さんに説明できるように地図を用意しておこう。右地図の範囲内なら歩ける距離。

▶ **ツアー会社：**

・Wild Dog Safaris
老舗的旅行会社。Pop-up roof Vehicle* を所有。キャンプ泊で行くナミブ砂漠、エトシャ NP を共に週 1 回出している。ロッジ泊の Accommodated Tour は 2 名から出発（1 人でも可能だが割高）。もちろんプライベートツ

アーもアレンジしてくれる。

・The Chameleon Backpackers
安宿の中にツアーデスクがある。ナミブ砂漠、エトシャ NP は共に週 1 回出発など。

	ナミブ砂漠	エトシャ NP
Wild Dog Safaris	金曜発	月曜発
Chameleon Backpackers	火曜発	土曜発

※表は 2019 年の出発日。最新情報は要確認
※エトシャ NP ツアーは、オンシーズンなら毎日ピストン輸送のバスで行くツアーを出しているツアー会社もある→ 11 頁②参照

▶ **安宿情報：**

1. Chameleon Backpackers
常に日本人が 1 人以上いた。男女共同部屋にベッド 4 つ。バックパックがすっぽり入るロッカーがあり、ロッカー内にコンセント差込口があるので、不在の時も安心してカメラやスマホの充電ができる。南京錠が必要。

2. Revendell
シングルルームの値段が他のバックパッカーズのドームの料金と大差なかった。狭いけど快適。リビングルームが落ち着ける。空港からの送迎シャトルの予約もしてくれる。

3. The Cardboard Box Backpackers
バックパッカーに人気。安い分、カメレオンより設備は少々劣る感じ。長距離バス乗り場に近く、ロケーションは良い。

▶ **市内観光：**町のランドマークでもある教会が丘の上に建っていて、ふもとに土産物屋、青空マーケットなどがある。郊外のタウンシップ

Independence Ave. のズーパークからクラフトマーケットあたりの向かいに土産物屋、カフェ、レストランなどが並ぶ

独立博物館（無料）の展望エレベーターからの眺め

Katutura に行くデイツアーもある。

▶**治安**：最近悪化しているとの情報があるが、昼間、変な所に入り込まない限り、観光客も多く歩いている。とはいえ、22 頁からの治安対策の基本は忘れずに。また、17 時になるとお店が閉まり、急激に人がいなくなるので、早めにホテルに戻るようにしよう。夜、外食するなら信頼できるタクシーを頼んでおくこと。下町のバーは喧嘩騒ぎもあるので、行かないように。昼間でも人通りが少ない通りは歩かないように。

▶**その他**：セルフドライブで国立公園へ行く場合は、NWR（Namibia Wildlife Resort）で予約が必要。

スワコプムント
Swakopmund
.... in Namibia

▶ **観光地**：ウォルビスベイ、ケープクロス、ムーンランドスケープなど

▶ **空港からのアクセス**：ウォルビスベイ空港（WVB）は町から約 45 km。タクシーか乗り合いバスの Combis で。

▶ **陸路でのアクセス**：首都ウィントフックからシャトルバスや、国際長距離バスでアクセスできる。 → 190 頁。

▶ **市内の交通**：中心地はほぼ徒歩で回れる。遠出の場合はタクシーで。

▶ **ツアー会社**：

・Charley's Desert Tours
創業 1966 年の老舗的存在。オンライン予約は 2 名からの申し込みしか受け付けないので、1 人の人はブッキングフォームを使わず、メールで相談しよう。

・Amanpuri Travellers Lodge
バックパッカーに人気の宿だが、受付を抜けた奥にデイツアーの申し込みができる代理店デスクがある。宿泊客じゃなくてももちろん OK。サンドボーディングやバイクなど、アクティブ派向けが多い。

・Batis Birding Safaris
リビングデザートツアーで利用した。バードウォッチングに強い会社だが、もちろん砂漠についても、ガイドさんの知識はハンパない。

▶ **安宿情報**：

1. Salty Jackal Backpackers
サーファーが多い宿だが、サーフィンシーズン以外の時期は空いていて落ち着ける。ロケーションもコスパも良い。

2. Villa Wiese Backpackers Lodge
土産物屋などが並ぶ地域から少し離れるが徒歩圏。スーパー Shoprite も近い。トラディショナルなドイツ風の建物の雰囲気が良く、バー、レストランもあり。

▶ **市内観光**：土産物屋、カフェなどが集まる地域は地図 A のあたり。海岸近くにもカフェやシーフードレストランあり。アクティビティはデイツアーで楽しめる。

▶ **治安**：明るい時間は心配はないと思う。特に地図 A のあたりは観光客も多い。しかし念のため人通りが少ない道は 1 人で歩かないほうが安全。暗くなったら出歩かないように。

▶ **その他**：アクティビティは最低 2 人〜 4 人集まらないと出発できないため、事前予約をしないで行くなら、出発待ちに費やせる日を最低 1 日以上設けておいたほうがいい。ハイシーズン（夏）は逆に満席の場合がある。

↑道幅が広々。空はグレー。スワコプムントで快晴だったらラッキーだ。町のあちこちに植えられたパームツリーは、この町では重要な砂除け

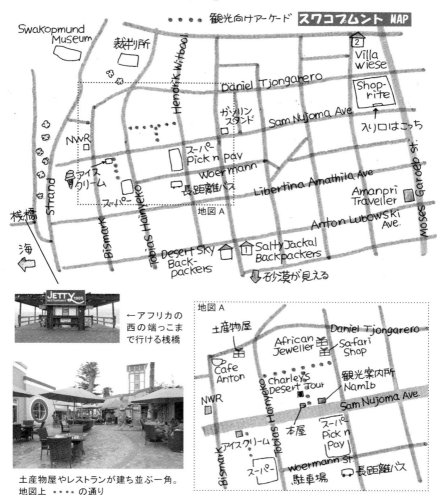

←アフリカの西の端っこまで行ける桟橋

土産物屋やレストランが建ち並ぶ一角。
地図上 •••• の通り

南アフリカ 国内のバス
Long-Distance Bus

▶ 長距離移動
18頁で紹介の国際線バスが主要な町を結んでいる。バックパッカー向けの観光バス Baz Bus も長距離移動に便利だ。

■ Baz Bus
ルートはケープタウンからポートエリザベス、ダーバン、ヨハネスブルグまで。南部は"ガーデンルート"と呼ばれる風光明媚な海岸線を走る。チケットを購入すると、いつどこで乗っても（Hop-on）、降りても（Hop-off）乗り放題。ただし一方通行で、ルートを戻ることはできない。7日、14日、21日の期限付きチケットと、終点に到着するまでタイムリミット無しのチケットがある。

このチケットが便利なのは、乗り場まで出向かなくても、Baz Bus が指定のホテルならドア to ドアでピックアップしてくれることだ。大きな荷物を運ぶ手間が省けるし、治安が心配な町でもホテルまでの移動を気にしなくて良いので安心だ。

ルート、指定宿、値段などは公式HPで。
🌐 https://bazbus.com/

■ Blue Train
移動手段というより電車に乗ること自体が旅の目的ともいえるブルートレインは、プレトリアからケープタウンまで600kmを31時間かけて走っている超高級列車。また、ヨハネスブルグからクルーガーまでも結んでいる。悠々自適な旅を楽しむ方はどうぞ。
🌐 http://www.bluetrain.co.za/

ヨハネスブルグ
Johannesburg
in South Africa

▶ 観光地：クルーガー国立公園、ピランスバーグ国立公園などの拠点。

▶ 空港からのアクセス：国際空港 O.R.Tambo International Airport（JNB）からはタクシー、シャトル、または電車ハウトレイン Gautrain で（下記、市内の交通参照）。

シャトルは事前予約が必要。タクシーは空港にカウンターがある。メーター付きで、街中心まで R500 ぐらいだったが、どうやらもっと安いタクシーもある模様。しかし R400 ～ R500 なら妥当だと思う。

国内線で移動する場合、ランセリア国際空港 Lanseria International Aiarport（HLA）に到着する便も多い。ここから街へはシャトルを予約しておくか、タクシーのみ。

▶ 陸路でのアクセス：Intercape が停車するパーク駅周辺は、最も治安が悪い所なので降りないほうがいい。長距離バスを利用する場合は、とりあえずプレトリアまで出てしまおう。

バズバス Baz Bus（左欄参照）は、指定の宿までドア to ドアで送ってくれる。

▶市内の交通：
・ハウトレイン Gautrain
警備がしっかりしていて安心。

入国後、空港ロビーに出て右手のエスカレーターを2度上ると駅。窓口で行き先を告げれば必要な金額をチャージしたプリペイドカードを出してくれる。ハウトレインのバスを利用する場合も同様。

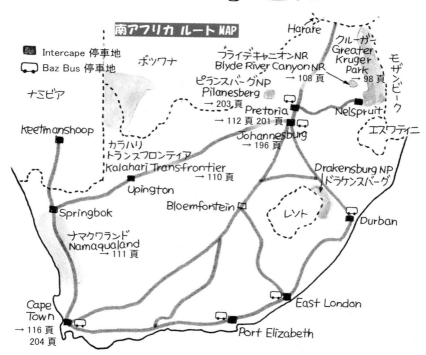

改札は日本と同じタッチ式で、電車を降りるとき、ドアの横の＜OPEN＞ボタンを押す。

ローカルバスや電車は利用しないように。町の移動や観光は必ず信頼できるタクシーかツアーにしよう。

・Ashtons（シャトルバス）

ヨハネスブルグの空港とクルーガーNPのスククザキャンプ間のシャトルバスを出している。

🌐 https://ashtonstours.com/

※南アフリカはU-berが普及していて、タクシーは少ない。使いこなせる人は、U-berのアプリをダウンロードしておくと便利だ。

▶ ツアー会社：

・VIVA Safaris

クルーガーのバルレ私設保護区のツアーを出している。国立公園から少し離れた所なので、ビッグ5の目撃率は少々低くなるものの生息圏。国立公園内のフルデイドライブもツアー行程に

197

入れている。Marc's Treehouse Lodge のツリーハウスに泊まりたくて利用した。
- http://www.vivasafaris.com/

· Kruger Park Tours
クルーガー NP のレストキャンプへの往復、レストキャンプ主催のゲームドライブと宿泊、食事をセットにしたシンプルでリーズナブルなツアーを出している。スククザ レストキャンプのツアーで利用したが、どうぶつの密度が高いため、ゲームドライブは充実していた。ガイドの腕も確か。
- https://www.krugerparktours.org/

· MoAfrica Tours
ピランスバーグ NP のフルデイツアーで利用した。宿泊ツアーもあるが、デイツアーならゲームドライブは午前、午後の2回で昼食付き、車はオープンとクローズから選べる。
- https://www.moafrikatours.com/

· Citry Sightseeing Bus
ケープタウンでも紹介した"赤いバス"。乗り放題の1日パスとソウェトツアーのセットがお得。

▶ **安宿情報**：治安上、ローズバンクなど中心部からちょっと離れた所を拠点にしよう。

▶ **市内観光**：デイツアーは多数あるが、ホテルまで車でピックアップに来てくれるもので、ガイド付きの信頼できる会社を選ぼう。見所は、
・ソウェト Soweto……アフリカ最大と呼ばれるスラム地区
・アパルトヘイト博物館など。

▶ **治安**：治安について悪い話が出回っているが、町の中心地などを避ければ、世間で言われている"アフリカ一危険"は大袈裟だと思う。とはいえ中心地を避けても犯罪は起きているので、移動はタクシーにする、夜は車であっても極力出ない、市内観光はツアーにするなどの対策をとろう。22 頁からの＜治安対策の基本＞を忘れずに。

➡ **中心地は避けよう**
町の中心地であるパーク駅周辺は、長距離バスの停車駅だが、特に治安が悪いので近寄らないように。空港からハウトレインで行けるローズバンクやサントン、またはプレトリアに宿泊するのが良いだろう。

➡ **ローズバンクについて**
サントンは空港からハウトレインで乗り換えなしで便利。しかし駅近に安宿はないようだ。
ローズバンクは乗り換えが必要だが、安宿もそ

ハウトレイン Gautrain 路線図

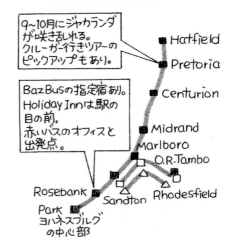

198

SOUTH AFRICA

こそこあり、Baz Bus の指定宿もある。ホリデーインなら駅の目の前だ。駅近にもホテルは多い。
観光バス City Sightseeing Bus のオフィスは駅前のショッピングモール内。出発点もすぐ近く。また同モールにスーパーがあるので、自炊派にも便利だ。土産物屋も入っている。
(ローズバンクは 200 頁参照)

➡現地発着ツアーのピックアップ

現地発着ツアーは空港ピックアップをしてくれる。またプレトリアまでピックアップに来てくれるものもある。しかし、ヨハネスブルグ市内発のみのツアーも少なくないので、申し込む前に自分が泊まるホテルまで迎えにきてもらえるか、確認しよう。もちろんローズバンクやサントンは市内なのでピックアップ範囲内。

➡治安対策の基本は忘れずに

人が少ない所へは行かない。人が多い所ではスリ、置き引き、ひったくりに注意など、治安対策の基本は忘れずに。

※南アフリカ共和国には3つの首都があり、司法の中心都市はブルームフォンテーン、立法はケープタウン、そして行政機能を担うのはプレトリアだ。ヨハネスブルグは経済、商業的な中心地だ。

ローズバンク
Rosebank

.... in South Africa

▶**観光地**：ヨハネスブルグと同様。

▶**空港からのアクセス**：国際空港 O.R.Tambo International Airport（JNB）からはシャトル（要予約）かタクシー。またはハウトレインで、Sandton 駅で乗り換え。ランセリア国際空港 Lanseria International Aiarport（HLA）からはシャトルかタクシー。

▶**陸路でのアクセス**：Intercape の停車はない。Buz Bas の指定宿あり。

▶**市内の交通、ツアー会社、市内観光**：ヨハネスブルグを参照。

▶**安宿情報**：

1. Rosebank Lodge & Backpackers

設備は年季が入っている感が否めないが、ロケーションは良い。駅前のモールまで歩いて約 10 分。宿のスタッフがタクシーの 7 掛けぐらいで空港まで送ってくれた。Baz Bus の指定宿。
※隣近所にも安めのゲストハウスが数軒ある。

2. Hollyday Inn Rosebank

ハウトレインの北出口の、ほぼ目の前。

▶**治安**：治安が非常に悪いパーク駅から一駅だが、雰囲気は悪くない。駅、ショッピングモール周辺は学生、女性も含め人通りが多く、明るい時間なら過度に心配することはないだろう。とはいえ治安対策の基本は忘れずに。夜は外出しないように。

▶**その他**：赤いバス * の出発点（オフィスもあり）なので、市内観光をするには便利だ。ただしバスを降りたら自由行動。利用するなら充分気をつけよう。赤いバス * はソウェトツアーも出している。

Choco's
私は観光に便利な条件が揃ったローズバンクに宿泊している。比較的落ち着いた町だけれど、治安については油断はしないでね。

プレトリア
Pretoria

in South Africa

▶ **観光地：** ヨハネスブルグと同様。

▶ **空港からのアクセス：** 国際空港 O.R.Tambo International Airport (JNB) からはシャトル、タクシーが安全。またはハウトレインでマルボロ駅乗り換え。ただし電車を降りたらホテルでは信頼できるタクシーを利用するように。

ランセリア国際空港 Lanseria International Aiarport (HLA) からはタクシーまたはシャトルのみ。

▶ **陸路でのアクセス：** 国際長距離バス Intercape が停車 (18頁)。
Baz Bas も利用可能 (196頁)。

▶ **市内の交通、ツアー会社、市内観光：** ヨハネスブルグを参照。

▶ **安宿情報：** 安宿はほとんどなく、安めのゲストハウスで4000円相当ぐらい〜。シェラトンホテルはユニオンビル前の公園に面し、ジャカランダが咲き乱れる通りにある。

▶ **市内観光：** 9月〜10月頃は、ジャカランダが満開。お花見のツアー客も多い。

▶ **治安：** ヨハネスブルグに比べれば治安は悪くないが最近悪化している。114頁の地図のあたりは比較的落ち着いているが、人が少ない所は注意。下地図の中心地から駅のあたりは雑多なので、スリなどに注意が必要。Sunny Side あたりもジャカランダが咲く所だが、人通りが少ないのでタクシーを使おう。夜は外出しないように。

タクシー料金

ヨハネスブルグでの基本料金はR30ぐらい。プラス1kmあたりR13〜R15で大体の相場料金になると思う。様々な意見があるので目安程度に……。

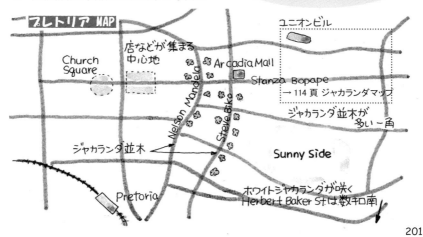

ヨハネスブルグからの日帰りツアー

ライオン & サファリパーク
Lion & Safari Park　199頁地図

↑キリンのどアップ見たことある？

▶ヨハネスブルグで1日時間が余ったら、チョロッと行って半日で遊んでこられる。ライオンの子供と一緒に記念撮影ができる Cub Interaction が人気だ。他にもチーターウォークやキリン、ダチョウの餌やりなどができ、週末を楽しむ人達でにぎわう施設。混雑を避けたければ平日がお勧めだ。サファリドライブもあるが、どうぶつは野生ではなく、日本のサファリパークのような状態。しかし野生では一部のエリアでしか見られないホワイトライオンが見られる。

| Open: 8時〜17時（5月〜7月）
| 8時〜18時（8月〜4月）
| 土日祝日はいずれも8時〜20時
| ヨハネスブルグから約30km
| https://www.lionandsafaripark.com/

ピランスバーグ国立公園
Pilanesberg National Park

197 頁地図

▶ ヨハネスブルグから車で約 3 時間。日帰りでもサファリができる所。時間がない人にはお勧めだ。また、クルーガーでビッグ 5 を全部見られなかった！という人も、ここに来れば 5 つ達成できるかもしれない。

クルーガーと比べてしまうと広くはない敷地だが、ブッシュランド、草原、岩山、川、ダムなど様々な環境を有していて、どうぶつも決して少なくない。

セルフドライブならダム Mankwe Dam を目指しながらドライブするのが良いだろう。道中、木々の間にはクドゥが隠れていたり、小型のスティーンボックが見られることもしばしば。キリン、シマウマ、ヌー、水牛などお馴染みのどうぶつから、アフリカゾウやライオンも生息。シロサイの数も多い。ワイルドドッ

↑ベストは雨が少ない 7 月中旬～ 10 月中旬。2 月～ 3 月は雨で緑豊かになる

グも移入され繁殖に成功しているが、車道近くに現れることは稀のようだ。ダムではワニ、ウォーターバックなど様々などうぶつが見られるだろう。特に乾季はダムにどうぶつが集まりやすい。

※ヨハネスブルグ発のフルデイツアーが便利。午前午後に各 3 時間のゲームドライブが楽しめる。車は旅行会社のクローズ型、国立公園主催のオープン型から選べる。
※ヨハネスブルグから車で約 3 時間
※国立公園の南にサンパークと呼ばれる巨大アミューズメントリゾートがある。サンパークに宿泊してサファリを楽しむツアーもあり。

↑シロサイの目撃率はかなり高い。日帰りツアーでも 6 頭見ることができた

ケープタウン
Cape Town
.... in South Africa

▶ **観光地：** テーブルマウンテン、喜望峰など。各観光地については 116 頁〜。

▶ **空港からのアクセス：** ケープタウン国際空港（CTP）から MyCiti Bus で、終点の Civic Center 駅が町の中心地。暗い時間の到着ならタクシーにしよう。

タクシーは Touch Down Taxi が空港公式のタクシー。カウンターがあるが、偽者のスタッフがいる模様。私の場合、カウンターで紹介されたタクシーが Touch Down Taxi ではなかった。問題なかったが、一応注意。相場は中心地まで R270 ぐらい〜。

▶ **陸路で移動：** Intercape の乗り場は鉄道駅の裏。

ケープタウンは Baz Bus の始発、終点で、指定の宿ならドア to ドアだ（196 頁）。

▶ **市内の交通：**

・MyCiti Bus
町中と近郊のエリアは MyCiti Bus が走っている。プリペイドカード式で、テーブルマウンテンのふもとやウォーターフロントにも行けるが、シグナルヒルのてっぺん、カーステンボッシュ植物園へは出ていない。

＜乗り方＞ Civic Center でプリペイドカードを購入しチャージしておく（窓口があるので、やり方は指示してくれる）。バスに乗る際、上写真の In にカードをタッチ。降りるときは Out。車内放送はないので、降車駅で声をかけてくれるよう運転手さんに頼んでおこう。

↑ MyCiti Bus。乗り降りの際にプリペイドカードをタッチする。車内放送はないが、タッチパネルの Out の画面に到着駅が表示される

・City Sightseeing Bus
町中を走る赤いバス * も便利。1 日フリーパスを購入すれば乗り降り自由の Hop-on, Hop-off 形式。バス内で放送のイヤフォン観光案内は日本語もある。

▶ **ツアー会社：**

・City Sightseeing Bus
フリーパス以外に半島を回る 1 日ツアーやシグナルヒルの夜景ツアーを出している。夜景ツアーはコスパも良いと思う。半島ツアーの解散は V&A ウォーターフロントだが、ホテルの近くまで帰れるように Hop on, Hop Off のレッドルート（ロング St. を通るルート）に乗せてもらえる。

・Springbok Atlas Tours and Safaris
ホエールウォッチングができるハマナスへのツアーは、途中ケープペンギンが見られる Betty's Bay に立ち寄るのが魅力だった（時間がない時はスキップ）。他に半日ワイナリー訪問ツアー、半島ツアーなどデイツアーが多々あり。

🌐 http://springbokatlas.com/

・Baz Bus
196 頁で紹介した Baz Bus は、ケープタウ

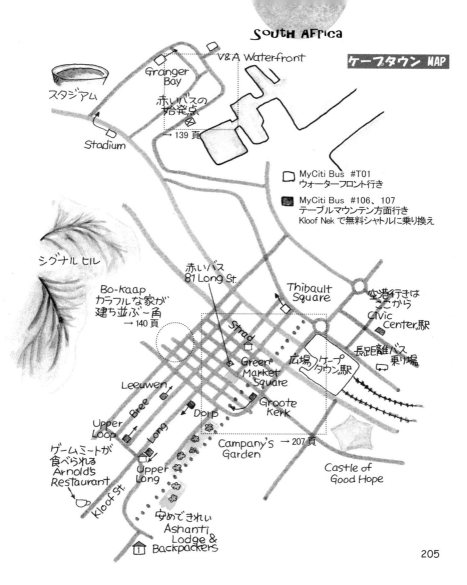

ンからヨハネスブルグを繋ぐバス。ワインツアー、半島ツアーなどデイツアーも出している。

▶**安宿情報**：安宿は Long St. に多いが、夜は治安が悪くなるのと、夜中まで大音響で音楽をかけるクラブ併設など、落ち着けない所もあるので、調べてから予約を。

1.Ashanti Lodge & Backpackers
中心地から少し離れているが、充分徒歩圏で何よりも静か。宿泊施設もおしゃれで居心地が良い。旅行の代理店もやっていて、クルーガーツアーなどの手続きもしてくれる。（205頁地図）

2. Homebase Cape Town
場所は Long St. の端っこ。駅に近く、目の前がスーパー Pickn' Pay。最上階にバーがあるが、夜は静か。（207頁地図）

※他に Long St. の端に日本人客が多い Cat & Moose Backpackers Lodge など（207頁地図）

▶**市内観光**：

・ロベン島……マンデラ元大統領が投獄されていた島。V&Aウォーターフロントから出発するボートツアーがある。（人気なので要予約）

・Long St と平行して走る St. Georges Mall は土産物の屋台が並ぶ通り。

・土産物のマーケット Green Market Square は、Long Market St. × Burg St. の一角。日曜はお休み。

・キャンプスベイ……白いビーチが広がる高級リゾート地。赤いバスや MyCiti Bus で行ける。

・ハウトベイ……オットセイが見られるクルーズの出発地。赤いバス＊と Myciti Bus で行ける。

▶**治安**：観光に力を入れているため、黄色い蛍光色のベストを着たセキュリティガードが町のあちこちにいる。いない所では注意。

"Security" のバッチを付けた偽者がいた。親切に長距離バスのチケット売り場を案内するふりをして、連れてこられたのは銀行の ATM。立ち去ろうとすると仲間と思われる女性やガードマン風の服を着た男性が次々と現れて、「彼はセキュリティだ。信頼できる人だ」の大合唱。面倒くさかった。観光客相手の詐欺には注意が必要だ。

ロング St. は要注意。赤いバスのオフィスのあたりは観光客も多いが、夜は通りやバーで喧嘩騒ぎが起きることもあるので出歩かないように。

駅周辺は観光客も少なく、セキュリティガードも見ないので、観光客を狙った詐欺やスリなどには充分気をつけて。また町の中心地でも一部雑多な所もあるので、入り込まないように。

ウォーターフロントは夜でも観光客が多く、心配はないが、それ以外の場所は基本的に暗くなったら歩かないように。

↑ ハウトベイは MyCiti バスの #109、または赤いバスで行ける

Company's Garden。
リスがいる公園。テーブルマウンテンも見晴らせる

Culture Safari

サン人の村を訪れよう

　砂漠に生きる最後の狩猟民族と言われる"サン人"。村を訪れると人懐っこい笑顔で迎え入れてくれる。女性も男性も、みんなちょっぴりシャイだけどフレンドリー。

　ところが砂漠に繰り出し、どうぶつを仕留める罠の仕掛け方や火のおこし方、貴重な水分を得る方法などなど、様々教わっているうちに、その優しい笑顔の裏側で、不毛の砂漠で生きてきた知恵とたくましさに関心しきり。

　ちなみにカラハリ砂漠でキャンプしたとき、テントの外に出しっぱなしにしていたペットボトルの水が、昼間は火傷するほど熱くなっていたのに、明け方には凍っていた。そんな過酷な環境だ。

　ビレッジ訪問では歌とダンスのパフォーマンスや、弓と矢の作り方のレクチャー、砂漠のウォーキンなどのプログラムが用意されている。

　子供もお婆ちゃんもインスタ映えしそうなポーズとってくれたり、サービス精神も旺盛だ。

■ The Living Museum of the Ju/'Hoansi-San
🌐 https://www.lcfn.info/juhoansi/home

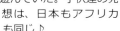

Culture Safari

ヒンバ人の村を訪れよう

艶やかな褐色の肌、私達観光客に囲まれてもツンとクールな表情、スラっと背筋を伸ばした誇らしげな姿勢。「世界一美しい民族」と称されるヒンバの人々が住む村を、大自然コースの途中に訪れることができる。

ヒンバの女性達はオカ Ochre と呼ばれる赤い土と牛のミルク脂肪を混ぜた"ファンデーション"を体に塗りつけ、褐色の肌をさらに褐色に化粧している。これは厳しい陽射しから肌を守るためのものだが、お風呂には入らず、"ファンデーション"を洗い流すことはしないそうだ。
「私達のお風呂は、こうするの」
暗い部屋の中でお香を焚いて、その香りを体に移すように浴びて見せてくれる。

お風呂、入らないんだぁ。

文化の違いに軽くカルチャーショックを受けるも、子供達は昭和の頃、日本でも見たような遊び"自転車のホイール転がし"をして遊んでいた。子供達の発想は、日本もアフリカも同じ♪

■ Otjikandero Himba Orphan Village
エトシャ国立公園の南西、車で 2 時間ぐらい（90 頁小さい地図参照）
ここは観光向け。本格的なヒンバに会いたければ、少し遠いがアンゴラに程近い北部の Opuwo まで行けば、大きなヒンバ村がある。

Safari Season

雨季はバッドシーズンなの？
野生どうぶつは移動している

なぜ雨季はバッドシーズン？季節の移り変わりとどうぶつの動きを知ると、雨季も捨てがたくなってくる。

シマウマの大移動

東アフリカの草原で繰り広げられる "ヌーの大移動" は、アフリカ好きのみならず、世界的にも有名な大自然のイベントだが、実は南部アフリカのチョベ一帯でも壮大な "大移動" が行われている。数万頭のシマウマがチョベ NP の北から、国立公園の南にあるナイパン NP へと長距離移動しているというのだ。

移動するシマウマの数こそ大移動のヌーに比べて少ないが、その距離は往復およそ1000 km。しかも、その長い道のりの途中には、水も草も充分に補給できると思われる地域があるのに、それを越えて遥か南まで旅をするのだという。

フラミンゴの大移動

ピンク色の体色から "可憐な" "美しい"と形容されがちなフラミンゴだが、その本当の姿は可憐とは程遠く、実に猛々しい。フラミンゴもまた大移動を敢行しているのだ。

ウォルビスベイが生息地として知られるが、雨季を迎えると繁殖のために遠くエトシャNP やマカディカディパンズなどに飛んで行く。その距離約 500 km。新しい命を繋ぐために、長距離の大移動を敢行しているのだ。

フラミンゴがエトシャ NP に来るのは雨季の12 月〜 3 月頃。サファリのベストシーズンではないが、フラミンゴを見たければこの時期は外せない。

雨季には雨季の楽しみがある

どうぶつ達は右のイラストのように、季節によって活動場所を移動している。常に同じ所に留まってしまうと、いずれ草を食べ尽くし、果てには大地がやせてきてしまうからだろう。環境保護の面から近年叫ばれている "持続可能な" というやり方を、人間よりずっと前から実行していたのだ。

この移動があるため、例えばチョベ NP のリバーフロントを年末年始に訪れると、乾季ほど多くのどうぶつは見られない。しかし実はリピーターやサファリ好きなど、あえてこの時期を狙って訪れる人達もいる。この頃は雨季のため、大地が青々としていてフォトジェニックなのだ。午後のサンダーストームもダイナミックな自然を体感させてくれるし、乾季とは違ったアフリカを味わえる。

リピーターならベストタイムをちょっと外したサファリも楽しいかもしれない。

※右イラストはおおよその動き。目安に。

後悔しないアフリカ旅行計画の秘訣①
休暇はいつ？ 季節別ルートづくり

遥か遠くアフリカ大陸まで繰り出すのだから、後悔の少ない旅にしたい。
目的地のシーズンは重要なポイントだ。

■季節は予想以上に重要

アフリカ旅行の楽しみの多くは大自然だから、ルートを練るとき季節が重要なキーワードとなる。とはいえ目的地がベストシーズンの時に休みが取れるとは限らない。

ここでは時期別に、より良い旅のルートづくりを考えてみた。

■季節は日本と逆

南部アフリカは南半球。夏と冬は日本と逆になり、秋は3月〜、春は9月〜だ。雨が降りがちなのは10月中旬頃から4月の初旬。新緑の季節はこの頃だ。気持ちが良い季節だが雨で道は悪く、場所によっては通行不可能な所も出てくる。
※ケープタウンは6月頃の降雨量が多い。

■サファリの良し悪しは季節に左右される

サファリの見所は野生どうぶつ。つまりアフリカ旅行の見所はいつも同じ所に"ある"わけではないのだ。もちろん国立公園に行けば野生どうぶつはいるが、季節によっては激減していたり、草や葉に隠れて見えにくい時期もある。

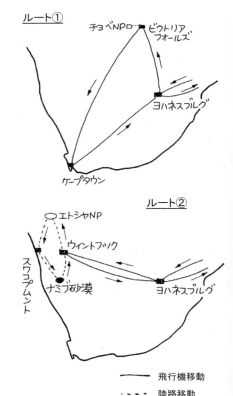

▶ 夏休みの頃

日本が夏の7月〜8月、野生どうぶつを見に行くサファリは、まさにベストシーズンだ。南部アフリカは乾季を迎え、どうぶつ達は貴重な水を求めて水場に集まってくるし、草や葉も枯れて見晴らしが良く、どうぶつが見やすい。クルーガー、チョベNP、オカバンゴデルタ、エトシャNP、どこを選んでも間違いなし。

ビクトリアフォールズも水量が多めで、観光向きと言える頃だ。

ルート① チョベNPとビクトリアフォールズ

ビクトリアフォールズタウンに宿泊し、滝の見学に加えてチョベNPのリバーフロントでサファリも楽しむコース。チョベNPは日帰りでもOKだが、せっかくベストシーズンなので1泊はしたいところ。

サファリと滝を楽しんだ後、遠回りをしてケープタウン経由で帰ればゴールデンコース!

ルート② エトシャNPでサファリと ナミブ砂漠

ウィントフックを出発し、エトシャNPでサファリをして、スワコプムントでデイツアーを楽しみ、ナミブ砂漠を訪問。ナミビアの良い所どりコースだ。

現地発着のエトシャNPツアーとナミブ砂漠ツアーを組み合わせてもいいし、両方とも訪れる5泊〜6泊のScheduled Tour* もある。ただしそのコースだとウィントフック発の単純往復でスワコプムントには寄らない行程もある。

ルート③ オカバンゴとチョベNPでサファリ三昧

せっかくのサファリシーズンなので、オカバンゴデルタからチョベNPへ抜けてサファリ三昧コース。

マウン出発で、モレミGR→クワイ→サブティ→リバーフロントへ移動しながらゲームドライブができる現地発着のモバイルサファリ* がある。終点のリバーフロントからビクトリアフォールズへは車で1時間半ぐらいないので、1日追加で滝も見られる。

ルート④ クルーガーでサファリと
　　　　　ビクトリアフォールズ

クルーガーへはヨハネスブルグから飛行機だと早いが、車ならパノラマルートと呼ばれる風光明媚なドライブコースを通る。途中ブライデリバーキャニオンのビューポイントに立ち寄れる。時間があればケープタウンを加えても良いだろう。

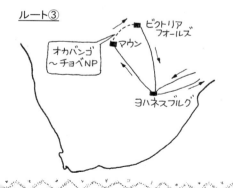

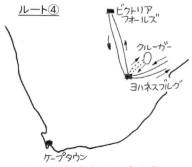

▶ゴールデンウィーク

ビクトリアフォールズの水量が多い時期。逆に多過ぎて滝が見にくいこともあるが、虹も見られるし、ど迫力の滝は大瀑布ビクトリアフォールズならではだ。緑がまだ枯れていない時期なので、ヘリコプターで空から見る滝は、水煙の白と大地の緑のメリハリが美しいだろう。

サファリは 6 月からがベストシーズンなのでGW はちょっと早いが、この頃は Shoulder Season* と呼ばれ、旅費は安めの見積もりだ。雨季の影響がまだ少々残っているかもしれないが、どうぶつ達は探しやすくなる頃。

南部アフリカの雨季は 4 月までで、5 月になるとほとんど降らない。

ルート① チョベ NP のサブティでサファリとビクトリアフォールズ

ビクトリアフォールズを楽しんだあと、チョベ NP へ。この時期、移動しているシマウマやゾウはまだリバーフロントに戻ってきていないので、サブティを訪れるツアーがお勧めだ。この頃は人気者のワイルドドッグが繁殖時期に入り、目撃率が比較的高い。ワイルドドッグはリバーフロントではベストシーズンであっても、なかなか見られない。サブティはビクトリアフォールズから日帰りは無理なので、2 泊〜 3 泊しよう。

ルート② クルーガーとケープタウン

6 月になると大混雑が始まるクルーガーだが、この頃ならまだ車も少ない。ベストの手前だが、雨はほとんど降らず、気候も良くて過ごしやすい。

ケープ半島のボルダーズビーチではペンギンのヒナがスクスクと育っている頃。ただしテーブルマウンテン、ケープポイントは雨が降りやすいので、雨具を忘れずに。

ルート③ ナミブ砂漠も良いシーズンだ。次頁のルート①もお勧めコース。

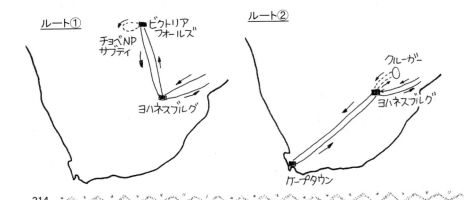

▶年末年始

この時期はケープタウンがベストシーズン。夏にあたり晴れ渡る日が多く、観光地はどこも青い空で気持ちが良い。日も長いから1日たっぷり遊べる。シグナルヒルのサンセットと夜景のツアーはこの頃だけのお楽しみだし、ボルダーズビーチのペンギンは換羽期のため、ビーチに多くいる頃だ。ケープタウンはサファリツアーの帰りに立ち寄るケースが多いが、残念ながらサファリのベストシーズンは、ケープタウンのローシーズンなのだ。ケープタウンのベストシーズンを楽しめる、充実した旅ルートを考えてみた。

ルート① ケープタウンとナミブ砂漠

ナミブ砂漠で初日の出!というコースはどうだろう。もちろん1年最後の夕陽が砂漠に沈んでいくのも観賞しよう。この時期ナミブ砂漠は雨季だが、雨はわずかで影響は少ない。更にベストシーズンのケープタウン経由でテーブルマウンテンなどを巡ろう。

もし時間があれば、エトシャNPはベストシーズンではないものの、この頃フィッシャーズパンにフラミンゴが繁殖にやってきており、オカウクエヨキャンプ周辺でも、この時期にのみやってくるマウンテンゼブラが見られる。

ルート② ケープタウンとクルーガー NP

雨が降りがちな季節とはいえ、クリスマスシーズンのクルーガーはやはり人気。緑が豊かで気持ちが良いし、どうぶつの赤ちゃんが誕生し始める頃だ。国立公園内は道路が良いので雨でスタックする心配はない。(前頁のルート②)

ルート③ ケープタウンとカラハリ トランスフロンティア公園

サファリ好きならば、ちょっとマニアなエリアではあるけれどカラハリ砂漠も良い季節。この時期は砂漠でありながら貴重な雨の恵みがあり、猛禽類が多く飛んできている頃だ。ただしこの時期は最も暑い時期で、昼間の酷暑は覚悟を。
※テーブルマウンテンのサンセットスペシャルは、12月20日頃から年始まではお休み。

ルート①

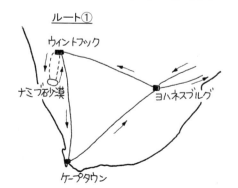

ルート③

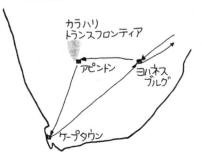

▶フレキシブルに休みをとれる

各観光地によってベストといえるシーズンは様々なので、フレキシブルに休暇をとれるなら、目的別で旅行時期を選ぼう。

ベストシーズンの前後

ベストシーズンから少しだけ外した Shoulder Season に旅行すると、大混雑を避けられ、値段も安めだ。

12月〜3月

渡り鳥が集まってくるバードウォッチングのシーズン。航空券が比較的安い2月はエトシャNPやナタバードサンクチュアリにフラミンゴが集まる頃だ。2月下旬〜3月はボルダーズビーチでペンギンの卵が孵る頃。モフモフのヒナがたくさん見られるだろう。ケープタウンは夏で観光シーズン。

6月頃

サファリはすでにベストシーズンと言っていいだろう。ハイシーズン入りの7月にもなるとライオンの回りが大渋滞になるが、6月ならまだ若干人は少なめ。とはいえほぼベストシーズンなので、予約は早めに。

8月中旬〜9月中旬

春にあたる9月は、南アフリカのナマクワランドでデイジーなどの花が咲き乱れるお花見シーズン。花のじゅうたんを見て回る4日〜5日間ぐらいのツアーが人気だ。

ナマクワランドに限らず西海岸沿いや南アフリカ南部の"ケープ植物区保護地域群"では多くの花が開花する頃。花好きには良いシーズン。

9月中旬〜10月下旬

プレトリアでジャカランダの花が満開になり、町が紫色に染まる頃。実は南アフリカを訪れる日本人が1年で一番多いのがこの時期だ。

9月下旬以降であれば、ケープタウンのシグナルヒルでのサンセットツアーが始まるので、ケープタウンに立ち寄るのも良い。ケープタウン郊外のハマナスではホエールウォッチング（6月〜11月）も楽しめる。

アフリカ旅行者の合言葉「T.I.A.」

アフリカを旅行していると、生活様式や考え方の違から、「えー！」と戸惑うことも多々あるだろう。私達の常識ではルーズと感じることでも、おおらかな（？）彼らにとっては「なんで？」と反省なしで、腹を立てることがあるかもしれない。また、自然を巡るアフリカの旅では、ベストシーズンを狙って行っても、雨の具合や草の状況でどうぶつが期待しているほど見られないことだってある。

そんなときの合言葉は、「T.I.A.」。

「This is Africa（これがアフリカさ）」だ。

カリカリ怒っていても旅は楽しくない。文化の違いや思い通りにいかない自然を肌で感じることこそ旅の醍醐味だ。ムッとすることがあっても、「T.I.A.」と笑い飛ばしてしまえる旅人達は、振り返ってみれば楽しいハプニングや、たくさんの出会い、アフリカでしかできない貴重な経験を、人よりたくさん重ねているものだ。

腹を立てる前にとりあえず「T.I.A！」

プラスしてビクトリアフォールズへ行くなら、水は非常に少ないので、眺めはザンビアよりジンバブエ側が良い。ただし、ザンビア側ではリビングストン島に渡って、デビルスプールに行ける。

9月下旬〜10月上旬まで

　個人的にはエトシャNPがお勧め。乾季が続き、パン＊が真っ白になり素晴らしい景色が見られる頃だ。大地が枯れているのでウォーターホールにどうぶつが大集合し、100頭近いゾウが次々と集まってくることもある。10月になるとかなり気温が上がるため、"ベストシーズンは7月〜9月"とされているが、どうぶつの大軍団は10月のほうが見やすい。
※10月の初旬頃まで。雨季が始まるとパンに水が溢れ、どうぶつはバラける。

10月中旬〜1月

　ケープクロスではミナミアフリカオットセイの繁殖シーズンとなり、ビーチに多く集まってくる頃。11月下旬にもなると赤ちゃんが生まれる。この頃はセグロジャッカルが赤ちゃんを狙いに浜辺にやってきている可能性も高い。セグロジャッカルにとっては栄養がたっぷり取れる時期なため、出産と子育てシーズンでもある。プラスして季節に大きく左右されないナミブ砂漠もお勧め。

満月の前後3日間

　ビクトリアフォールズでルナレインボー（→48頁）を観賞できるのは、月に3日だけ。日程を調節できるなら、ぜひこの時期に！ただし雨、曇りなど月が出ていないと中止だし、水量によっても中止になる。雨が少ない6月〜8月が狙い目だろう。

　ちなみに月が地球に近づき30％明るくなるスーパームーン（満月）は、2020年は3/9、4/7、2021年は4/26、5/26。

　4月までは雨が降りがちだが、5月ならほとんど降らないし、水量も多くて虹が出やすい頃。行こうかな〜♪（ただし曇りでも中止）

新月の頃

　ナミブ砂漠やマカディカディパンなどで星がきれいに見られるのは、月が細くて空が暗い新月の頃。もちろんオカバンゴデルタのブッシュキャンプなど、その他の地域でも星はたくさん見られる。

↑エトシャNP。水が貴重になる乾季の終わりは、ウォーターホールを目指してゾウなどが続々と集まってくる。シマウマやスプリングボックの群れは300頭を超えることも少なくない。アフリカゾウが100頭に達することも。一方10月後半〜5月終まで、多くのゾウは北に移動してしまう

後悔しないアフリカ旅行計画の秘訣②
旅のコストの抑え方

「アフリカ旅行なんて高くて無理、夢の話」と思われがちだが、現地では旅費をかけずに楽しんでいる日本人バックパッカーに、あちこちで出会う。大自然の魅力は皆に平等！低予算の旅は、より自然に近く、そしてアフリカの人々の生活に触れることもできる、実はとても贅沢な旅行なのだ。

＜ホテル選びで抑える＞
▶町の宿泊

旅先の宿泊は、ホテルの比較予約サイトを利用して予約を入れる人も少なくないと思う。サイトを開けばクリック１つで充分に情報が手に入るので、この本ではホテルの紹介に大事なページを割くことは避けた。

中級以上のホテルなら、どこを予約してもまず問題はないだろうう。問題はバックパッカーが利用する安宿の設備や治安だ。そこで私自身が実際に各町で、できるだけロケーションが良く、値段も安めの宿を選び、泊まり歩いてみて、「ここは"なし"だな」と思った所は除き、各町の＜安宿情報＞で紹介した。個人個人の好みがあるので、「ガッカリ」と感じる人もいるかもしれないけれど、良かったらご参考に。

▶ボツワナは安宿が少ない

ナミビア、ジンバブエ、南アフリカの安宿のドミトリーは 2000 円以下で宿泊できる。しかし、ボツワナには安宿がほとんどないのだ。そこで、ウンと旅費を抑えたい旅行者達、特にバックパッカーはテントを持ち歩いている。超高級ホテルであっても敷地内にテントサイトを設けていて、しかもロケーションが最高であるにもかかわらず、テント１張り $10 以下だ。１張りを２人で利用するなら、更に安くなる。テントさえ持っていればドミトリーの半額ぐらいで泊まり歩けるのだ。

日本からテントを担いでいくのが面倒なら、現地で購入すると、１人用テントは 4000 円以下と格安。また安宿の掲示板には、旅を終えた人が「テント売ります」の張り紙をしていることもある。テントサイトには日本人バックパッカーも集まっているので、サファリ仲間を募ることもできるだろう。ちょっと重いが、楽しいキャンプ旅行になるだろう。

↑安宿はキッチン付き。スーパーで売られている肉や野菜は日本よりかなり安い。和食が恋しい人はインスタントラーメンやお味噌を持参

▶サファリ中の宿泊

ツアー料金の多くを占めるのが宿泊代だ。高級ロッジだと1泊10万円は下らない。

クルーガー NP、エトシャ NP などについては、レストキャンプ（国営の宿泊施設）があるので、リーズナブルに安心して旅行ができる。豪華絢爛ではないが、清潔で便利。もちろんテントサイトもあるので、キャンプなら最安値で行ける。現地発着ツアーでも、レストキャンプを利用するツアーは多々ある。

▶ボツワナのキャンプ

ボツワナの場合、キャンプはいたってシンプルで設備はなにもない。しかしモバイルサファリ Mobile Safari と呼ばれるキャンピングサファリはリーズナブルで人気だ。モバイルサファリとは車にキャンプギアを詰め込んで、陸路で移動するツアー。私達がゲームドライブをしている間にスタッフが簡易シャワー、ベッド付きのテントの設営や食事の用意もしてくれる。小型機で飛ぶサファリと違い、陸路だとリーズナブルだなけでなく、移動中もずっとゲームドライブできるというのが魅力だ。

＜移動手段で抑える＞

▶空港から町への移動

町までの公共の交通手段がない所が多いので、タクシーが主な移動手段となる。1人旅だと割高になってしまうが、だいたいの相場を177ページからの各町の情報で紹介したので、ボラれないように気をつけて！（私も結構ボラれているので、目安に）

ビクトリアフォールズ タウンから空港までは乗り合いのエアポートシャトルがあるので、予約しておくと安い。

▶長距離バスやシャトル

私自身が実際に利用した移動手段を中心に紹介したので、18ページの＜南部アフリカの長距離バス＞と各町の情報ページをご参考に。
※長距離バスを利用する場合は、バスランク周辺の治安と利用する時間を考えて、乗り場へはタクシーで行くなど、気をつけて。

↑ケープタウンは深刻な水不足。「シャワーは2分で」のポスターが貼ってあった。挑戦してみよう！洗っている間は水を止めれば、できる！！

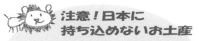

注意！日本に持ち込めないお土産

南部アフリカのジャーキー、Biltonは土産物屋や空港でも売られているお土産の定番。でも、肉製品は日本に持ち込み禁止なので、帰国までに食べちゃうように！

後悔しないアフリカ旅行計画の秘訣③
Choco's サファリの車と宿泊地選び

訪問地は国立公園なのか私設保護区なのか。ゲームドライブは何時間できるのか。サファリカーはどんなタイプなのか?宿泊はどこ?

スケジュールツアーはその組み合せが様々ありちょっとややこしいが、整理するとおおよそ6通り。好みのツアーをしっかり選ぼう。

▶サファリカーのタイプ

ゲームドライブを充実させるためには、サファリカーのタイプは重要だ。オープンタイプは見晴らしが良いが、クローズタイプにもメリットはある。

① <u>Open Vehicle</u>
・見晴らしが良くて開放感がある。
・レストキャンプ主催は1回3時間に限られる。
・サファリ会社主催ならロングドライブもあり。
・大型のため、通常ゲームドライブは他の客と乗り合わせ。
・サファリ会社の車なら貸し切れるが、大型なので人数を揃えないと、割高。

② <u>Closed Vehicle</u>
・車内は狭く、目線は低くなる。
・小型のため、少人数でも貸し切りやすい。
・貸し切れば、ゲームドライブは国立公園のオープンからクローズまで時間に制約がない。
・移動とゲームドライブ兼用なので、国立公園のレストキャンプから他のレストキャンプへゲームドライブをしながら移動することも可能。

③ <u>Pop-up roof Vehicle</u>
・移動とゲームドライブ兼用。
・ドライブの時間に制約がない。
・大型車で大人数ツアーになる。

▶宿泊地とツアー内容

宿泊施設のロケーションは以下の3通りだが、それによって車のタイプや食事などツアー内容は変わってくる。

① <u>国立公園内のレストキャンプ</u>

レストキャンプ主催のゲームドライブに参加する場合と、サファリ会社の車でする場合がある。プライベートツアーなら貸切車で国立公園まで移動できるが、ゲームドライブは大型のOpen Vehicleで行うので、他の客と混載になる場合もある。または移動に使った貸切車 Closed Vehicle* でゲームドライブするケースもある。

食事は朝夕は込みで、昼食はレストランで自由に取れるというツアーが多いようだ。

② <u>私設保護区内のロッジ</u>

サファリカーはオープン型で、通常他の宿泊客と乗り合わせて出発。同じツアーに参加した人達だけで貸し切る場合もある。食事はロッジで。

③ <u>保護区、国立公園の近くにあるロッジ</u>

サファリ会社のオープン型車がロッジまで迎えにきてくれて、ゲームドライブに出発する。車は通常他の客と乗り合わせ。

食事は込みの場合と、ロッジのレストランで自由に食べられるケースがある。

	ゲームドライブ	宿泊	備考
国立公園	レストキャンプ主催 Open Vehicle	国立公園内のレストキャンプ。ロッジ、テントなどから選択	・レストキャンプ主催のゲームドライブ。 ・朝、夕、夜に各3時間催行される。 ・町からの移動とレストキャンプのゲームドライブ、宿泊を組み合わせたシンプルなツアーで、比較的安め。
	ツアー会社主催 Open Vehcle	国立公園の近くのロッジに宿泊するケースが多い。レストキャンプ泊もあり。	・ツアー会社の Open Vehicle でゲームドライブ。 ・ゲームドライブの出発や所要時間はツアーにより、長時間ドライブ、フルデイドライブもある。 ・リーズナブルな宿泊施設を利用するツアーもあり、旅費は安めのものが多い。
	ツアー会社主催 Pop-up roof Vehicle	国立公園内のレストキャンプ。または国立公園の近くのロッジやキャンプサイト。	・移動もゲームドライブも Pop-up Roof 車で。 ・ルーフが開くが、サイドは窓。 ・ゲームドライブの時間はツアーによるが、長時間のケースが多い。 ・大型車なのでやや大人数ツアーでリーズナブル。
	ツアー会社主催 Closed Vehicle	国立公園内のレストキャンプ。または国立公園の近くのロッジやキャンプサイト。	・エトシャ NP で時々あるパターン。 ・車は開放感がなく狭いが、少人数でも貸し切りやすい。 ・貸し切ればゲームドライブの時間に制約はない。 ・ゲームドライブをしながら、別のレストキャンプに移動することができる。
	セルフドライブ Closed Vehicle	国立公園内のレストキャンプ。または国立公園の近くのロッジ、キャンプサイト。	・レンタカーで自力で行く。 ・宿泊も自力で手配。 ・事前に国立公園のパーミッションを取得しておく。 ・割安な方法で、テント持参なら最安値だろう。 ・ゲームドライブの時間はもちろん自由。
私設保護区	私設保護区主催 Open Vehicle	私設保護区内のロッジ。または私設保護区の近くのロッジ。	・ロッジの専用車か、提携しているツアー会社のオープン型車でゲームドライブ。 ・私設保護区内でのゲームドライブはオフロードができるのが利点。 ・ゲームドライブの所要時間は3時間に限らず、ツアーにより長時間、フルデイもありえる。

※他にも様々なツアーが考えられるので、内容をしっかり確認してから申し込もう。

index

＜観光地・町＞

ウィントフック … 192
エトシャ国立公園 … 80
オカバンゴデルタ … 62
カーステンボッシュ植物園 … 137
カサネ … 186
カラハリトランスフロンティア公園 … 110
喜望峰＆ケープポイント … 130
クルーガー国立公園と私設保護区 … 98
ケープクロス … 92
ケープタウン … 204
ケープタウン＆ケープ半島マップ … 116
シグナルヒル … 124
ジャカランダシティ（プレトリア）… 112
スピッツコップ … 88
スワコプムント … 194
チーターパーク … 90
チョベ国立公園 … 54
テーブルマウンテン … 118
ナマクワランド … 111
ナミビア西海岸 … 94
ナミブ砂漠 … 74
ハマナス … 134
ビクトリアフォールズ … 42
ビクトリアフォールズタウン … 180
ピランスバーグ国立公園 … 203
フィッシュリバーキャニオン … 91
ブライデリバーキャニオン … 108
プレトリア … 201
ベティーズベイ … 136
ボ・カープ地区 … 140
ボルダーズビーチ … 126
マカディカディパン … 70
モホロホロ野生動物リハビリテーションセンター … 109
ヨハネスブルグ … 196
ライオン＆サファリパーク … 202
リビングストン … 183
ローズバンク … 200
V&A ウォーターフロント … 138

＜どうぶつ＞

アフリカ水牛（バッファロー）… 156
アフリカゾウ … 148
イボイノシシ … 153
イワハイラックス … 161
インパラ … 158
ウォーターバック … 157
エランド … 155
オオミミギツネ … 153
カバ … 160
キリン … 154
クリップスプリンガー … 159
グレータークドゥ … 156
クロサイ … 149
ゲムズボック（オリックス）… 156
ササビー … 157
シマウマ … 154
シママングース … 162
ジャネット … 153
ジリス … 162
シロサイ … 149
スティーンボック … 159
スプリングボック … 158
セーブルアンテロープ … 155
セグロジャッカル … 152
チーター … 151
チャクマヒヒ … 161
ディクディク … 160
ナイルワニ … 160
ナマクワカメレオン … 163
ニアラ … 159
ヌー … 155
ヒガシイワハネジネズミ … 163
ヒョウ … 151
ブチハイエナ … 152
ブッシュバック … 157
ベルベットモンキー … 161
ミーアキャット … 162
ミズオオトカゲ … 160
ミズカキヤモリ … 163
ヤブリス … 162

ラーテル（ミツアナグマ）… 161
ライオン … 150
リーチェ … 158
リードバック … 159
レッドハーテビースト … 157
ローンアンテロープ … 155
ワイルドドッグ … 152

＜鳥＞

アカガシラモリハタオリ … 171
アカハシウシツツキ … 170
アカハシコサイチョウ … 168
アカメアフリカヒヨドリ … 169
アフリカオオノガン … 164
アフリカギンカモメ … 166
アフリカコビトウ … 166
アフリカサンショクウミワシ … 165
アフリカヒヨドリ … 169
アフリカレンカク … 167
オウカンゲリ … 167
オオヤマセミ … 168
カタグロトビ … 165
カンムリカワセミ … 168
キバシコサイチョウ … 168
クラハシコウ … 166
コザクラインコ … 169
コシジロハゲワシ … 165
コフラミンゴ … 166
ゴマバラワシ … 165
サメハクセキレイ … 167
シャカイハタオリ … 171
シロクロオナガモズ … 170
シロコゲリ … 167
シロビタイハチクイ … 170
ズキンハゲワシ … 165
ズグロバンケン … 169
セイキムクドリ … 169
セジロネズミドリ … 169
ダチョウ … 164
ダマリイワビタキ … 170
ダルマワシ … 165
ナキサイチョウ … 168

ハジロアカハラヤブモズ … 170
ハジロクロエリショウノガン … 164
ヒムネタイヨウチョウ … 171
ヒメハチクイ … 170
ヒメヤマセミ … 168
フナシセイキチョウ … 171
ヘビクイワシ … 164
ホロホロチョウ … 167
マミジロスズメハタオリ … 171
ミナミオオセグロカモメ … 166
ミナミゴシキタイヨウチョウ … 171
ミナミジサイチョウ … 168
ムジハイイロエボシドリ … 169
メンガタハタオリ … 171
モモイロペリカン … 166
ヤツガシラ … 167
ライラックニシブッポウソウ … 170

< Animal >
Antelope, Sable … 155
  , Roan … 155
Baboon, Chacma … 161
Budger, Honey … 161
Buffalo, Cape … 156
Bushbuck … 157
Chameleon, Namaqua … 163
Cheetah … 151
Crocodile, Nile … 160
Dik Dik, Damara … 160
Eland … 155
Elephant, African … 148
Elephant Shrew, Eastern Rock
…163
Fox, Bat-eared …… 153
Ganet … 153
Gemsbok(Oryx) … 156
Gekko, Namib Sand…163
Giraffe … 154
Hartebeest, Red … 157
Hippopotamus … 160
Hyena, Spotted … 152

Hyrax, Rock… 161
Impala … 158
Jackal, Black-backed … 152
Klipspringer … 159
Kudu, Greater … 156
Lechwe, Red … 158
Leopard … 151
Lion … 150
Meerkat … 162
Mongoose, Banded … 162
Monitor, Water … 160
Monkey, Vervet … 161
Nyala … 159
Reedbuck, Common … 159
Rhinoceros, Black … 149
  White …… 149
Sassaby（Tessebe）… 157
Springbok … 158
Squirrel, Tree … 162
  Ground …… 162
Steenbok … 159
Warthog … 153
Waterbuck … 157
Wildebeest … 155
Wild Dog … 152
Zebra … 154

< Bird >
Bee-eater, Little … 170
  White-fronted … 170
Bulbul, African Red-eyed…169
  Black-eyed … 169
Bustard, Kori … 164
Chat, Tractrac … 170
Cormorant, Reed … 166
Coucal, Burchell's … 169
Eagle , African Fish … 165
  Bateleur … 165
  Martial … 165
Flamingo, Lesser … 166
Guineafowl … 167
Gull, Hartlaub's … 166

Kelp … 166
Hoopoe, African … 167
Hornbill, Red-billed …168
  Southern Ground … 168
   Yellow-billed …168
   Trumpeter … 168
Jacana, African … 167
Kingfisher, African Pied … 168
   Giant … 168
   Malachite … 168
Kite, Black-shouldered … 165
Korhaan, Northern Black … 164
Lovebird, Rosy-faced … 169
Lourie, Grey … 169
Mousebird, White-backed … 169
Ostrich … 164
Oxpecker, Red-billed … 170
Pelican, White … 166
Plover, Blacksmith … 167
  , Crowned … 167
Roller, Lilac-breasted … 170
Secretary Bird … 164
Shrike, Magpie … 170
  Crimson-breasted … 170
Starling,
 Grater Blue-eared … 169
Stork, Saddle-billed … 166
Sunbird,
 Lesser Double-collared… 171
 Scarlet-chested … 171
Vulture,
 African White-backed … 165
 Hooded … 165
Wagtail, Cape … 167
Waxbill, Blue … 171
Weaver, Red-headed … 171
  Sociable … 171
  Southern Masked… 171
  White-browed Sparrow … 171

参 考 文 献『Understanding Elephants』/『Pocket Guide to Mammals of South Africa』/
『Pocket Guide Bird of South Africa』/『Pocket Guide to Southern African Birds』/『Land
Mammmals of Southern Africa』/『アフリカを知る事典』平凡社 /『世界の天然記念物』講談社 /『動物
大百科』平凡社 /『生物大図鑑』世界文化社 /『世界の動物 分類と飼育』東京動物園協会 /『オルビス学習科
学図鑑 鳥』学研 /『野生ネコの百科』『野生イヌの百科』データハウス /『週刊 朝日百科 動物たちの地球』朝日
新聞社 /『世界の鳥 行動の秘密』旺文社 /『絵で見る世界鳥類地図』同朋舎出版 /『アニマルウォッチング』河出
書房新社 /『ビジュアル博物館 象』同朋舎出版 / 南アフリカ共和国政府観光局 HP/Safari Bookings.com
サファリのガイドさん、旅先で情報をくれた世界中の旅行者の皆さま、街の情報、治安のアドバイス等をくだ
さったバックパッカーズのスタッフ etc. 皆様、ありがとうございました。

南部アフリカ旅ガイド　まるまるサファリと大自然の本

初版第 1 刷発行　2019 年 9 月 20 日
著　　者　武田ちょっこ
発 行 人　武田直子
発 行 所　サワ企画
発 売 所　出版文化社
　　　　　〈東京本部〉
　　　　　〒101-0051 東京都千代田区神田神保町 2-20-2 ワカヤギビル 2 階
　　　　　TEL：03-3264-8811（代）　FAX：03-3264-8832
　　　　　〈大阪本部〉
　　　　　〒541-0056 大阪府大阪市中央区久太郎町 3-4-30 船場グランドビル 8 階
　　　　　TEL：06-4704-4700（代）　FAX：06-4704-4707
　　　　　〈名古屋支社〉
　　　　　〒454-0011 愛知県名古屋市中川区山王 2-6-18　リバーサイドステージ山王 2 階
　　　　　TEL：052-990-9090（代）　FAX：052-324-0660
　　　　　〈出版物受注センター〉
　　　　　TEL：03-3264-8825　FAX：03-3239-2565
　　　　　E-mail：book@shuppanbunka.com
印刷・製本　中央精版印刷株式会社
©Choco Takeda 2019　Printed in Japan
ISBN978-4-88338-667-3

乱丁・落丁はお取り替えいたします。出版文化社出版物受注センターまでご連絡ください。
本書の無断複製・転載を禁じます。許諾については出版文化社東京本部までお問い合わせください。
定価はカバーに表示してあります。
出版文化社の会社概要および出版目録はウェブサイトで公開しております。
また書籍の注文も承っております。→ http://www.shuppanbunka.com/
郵便振替番号 00150-7-353651